月曜日

Weekly おべんとう カレンダー

この本のPART2で作り方を紹介するおべんとうを、5日間ごとのカレンダー形式にまとめました。はじめは、食べやすさを重視したおにぎりべんとうからスタート。年中さん、年長さんになったら、噛みごたえのあるおかずや、麺類にもチャレンジしてみましょう。

Week1

鮭の混ぜご飯 おにぎりべんとう
→P.30

- 主食 鮭の混ぜご飯おにぎり
- 主菜 ツナ入りオムレツ
- 副菜 たこさんウインナー＆アスパラソテー

ささみとアスパラの ケチャップソテーべんとう
→P.32

- 主食 青菜ご飯の細巻き
- 主菜 ささみとアスパラのケチャップソテー
- 副菜 お花のゆで卵

Week2

お花の卵おにぎり＆ ハンバーグべんとう
→P.40

- 主食 お花の卵おにぎり
- 主菜 ハンバーグ＆ズッキーニと赤パプリカのソテー
- 副菜 ハムの花飾り

白身魚のフライべんとう
→P.42

- 主食 たわらおにぎり
- 主菜 白身魚のフライ
- 副菜 アスパラのベーコン巻き
- 果物 パイナップル

Week3

さわらのみそマヨ焼き べんとう
→P.50

- 主食 パンダおにぎり
- 主菜 さわらのみそマヨ焼き
- 副菜 ひらひら卵の花飾り

コーンおにぎり＆ 甘みそ鶏つくね べんとう
→P.52

- 主食 コーンおにぎり
- 主菜 甘みそ鶏つくね
- 副菜 ほうれん草のハム卵巻き
- すきま 型抜きにんじん

Week4

スティックおにぎり ＆えびフライ べんとう
→P.60

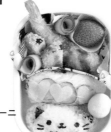

- 主食 スティックおにぎり
- 主菜 えび＆ズッキーニフライ
- 副菜 水玉柄うずら
- 果物 いちご

かじきのオイスターソース 焼きべんとう
→P.62

- 主食 2色の三角おにぎり
- 主菜 かじきのオイスターソース焼き
- 副菜 桜えび入り卵焼き
- すきま ゆでオクラ

木曜日	金曜日

肉巻きおにぎり べんとう
→P.74

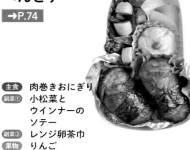

主食 肉巻きおにぎり
副菜① 小松菜とウインナーのソテー
副菜② レンジ卵茶巾
果物 りんご

鮭のマヨネーズ焼きべんとう
→P.75

主食 ミニクロワッサン
主菜 鮭のマヨネーズ焼き
副菜 サラダチキンのごまマヨあえ
果物 いちご

Week 5

くまさんそぼろご飯べんとう
→P.79

主食 くまさんそぼろご飯
副菜 ブロッコリーの塩昆布あえ

マカロニグラタンべんとう
→P.80

主食 マカロニグラタン
副菜 温野菜
果物 キウイフルーツ

Week 6

中華風 えびマヨ炒めべんとう
→P.84

主食 飛行機風ご飯　主菜 中華風えびマヨ炒め
副菜 おかか入り卵焼き
すきま ゆでオクラ　果物 いちご

タンドリーチキンべんとう
→P.85

主食 ロールパンサンド　主菜 タンドリーチキン
副菜 ほうれん草のバターソテー

Week 7

カラフルおにぎり＆ 春巻きべんとう
→P.89

主食 カラフルおにぎり
主菜 豚とパプリカの春巻き
副菜 カレー風味にんじん
すきま ゆでブロッコリー

ピザトーストべんとう
→P.90

主食 ピザトースト
果物 メロン

Week 8

成長に合わせて
ステップアップ！

はじめてさん向け
おべんとう作りの
コツ

❶年少さんの主食は おにぎりをメインに

最初は手づかみでも食べやすい、おにぎりがおすすめ。サンドイッチもつかみやすいです。

❷おかずは 一口サイズにカット

肉や野菜などのおかずは、あらかじめ一口サイズにカットして、おべんとうに詰めましょう。

❸ラップで包んで 持ちやすく

おにぎりやパンをラップで包むと、手に持って食べやすくなります。また衛生面的にも◎。

❹慣れてきたらご飯を そのまま詰める

おべんとうに慣れてきたら、ご飯をにぎらずにそのまま詰めても。ふりかけや小さく切った焼きのりでデコると、楽しげな見た目になります。

❺おはしデビュー後は パラパラおかずも

おはしが使えるようになってきたら、パラパラとした具材を使ったおかずも入れてみましょう。細かな食材をおはしでつかむ練習にもなります。

❻年中さんからは食材を バリエーション豊かに

5歳くらいからは麺類を主食にしてもOK。うどんやパスタなど、さまざまな食材を使ってみましょう。

月曜日	火曜日	水曜日

月曜日

豚こま巻きとんかつべんとう
→P.70

- 主食 枝豆ご飯
- 主菜 豚こま巻きとんかつ
- 副菜 チンゲン菜と桜えびの中華あえ
- すきま うずらの卵（水煮）

和風ひじきハンバーグべんとう
→P.76

- 主食 お花のおにぎり
- 主菜 和風ひじきハンバーグ
- 副菜 ツナじゃが煮　すきま ちくわひよこ

酢豚こまべんとう
→P.81

- 主食 ふりかけご飯　主菜 酢豚こま
- 副菜 かに玉風オムレツ

豚のしょうが焼きべんとう
→P.86

- 主食 漬け物ご飯
- 主菜 豚のしょうが焼き
- 副菜 薄焼き卵のくるくる巻き

火曜日

かじきのカレーピカタべんとう
→P.72

- 主食 どうぶつおにぎり
- 主菜 かじきのカレーピカタ
- 副菜 ひじきの煮もの
- すきま ゆでブロッコリー、かに風味かまぼこ

ピーマンの肉詰めべんとう
→P.77

- 主食 ひまわりデコご飯
- 主菜 ピーマンの肉詰め
- 副菜 切り干し大根の煮もの
- すきま ミニトマトときゅうりのあえもの

ぶりの中華炒めべんとう
→P.82

- 主食 2色おにぎり　主菜 ぶりの中華炒め
- 副菜 のりアートゆで卵

さばの竜田揚げべんとう
→P.87

- 主食 ラップおにぎり　主菜 さばの竜田揚げ
- 副菜 ケチャップパスタ　すきま 型抜きパプリカ、ゆでブロッコリー、ゆでかぼちゃ

水曜日

チキンナゲットべんとう
→P.73

- 主食 ハートのミニおにぎり
- 主菜 チキンナゲット
- 副菜 ちくわとパプリカの照り焼き
- すきま ゆでオクラ

ロールパンドッグべんとう
→P.78

- 主食 ロールパンドッグ
- 副菜 カリフラワーのたらこマヨあえ
- 果物 オレンジ

ナポリタンべんとう
→P.83

- 主食 ナポリタン
- 副菜 コールスローサラダ

焼きうどんべんとう
→P.88

- 主食 焼きうどん　副菜 ミニ目玉焼き
- すきま なると

水曜日	木曜日	金曜日

てまりおにぎり&カレー風味のから揚げべんとう

→P.34

主食 てまりおにぎり
主菜 カレー風味のから揚げ&さつまいもの素揚げ
副菜 卵焼き

ひとロサンドイッチべんとう

→P.36

主食 ひとロサンドイッチ
主菜 ゆで野菜のマヨあえ
副菜 ハムのくるくる巻き　果物 いちご

鮭の照り焼きべんとう

→P.38

主食 にこにこ顔おにぎり　主菜 鮭の照り焼き
副菜 根菜といんげんの甘煮
すきま かに風味かまぼこ

ショートパスタのミートソースべんとう

→P.44

主食 ショートパスタのミートソース
すきま 薄焼き卵の型抜き
副菜 ブロッコリーとコーンのマヨあえ
果物 キウイフルーツ

お花の肉巻き野菜べんとう

→P.46

主食 じゃこと青菜おにぎり
主菜 お花の肉巻き野菜
副菜 ハートの卵焼き

ウインナーのくるくるホットサンドべんとう

→P.48

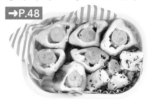

主食 ウインナーのくるくるホットサンド
副菜 じゃがいものしそあえ
果物 フルーツポンチ（缶詰）

チャーハンべんとう

→P.54

主食 チャーハン
副菜 スナップえんどうのごま油あえ
すきま かまぼこうさぎ

ミートボールべんとう

→P.56

主食 かっぱ巻き　主菜 ミートボール
副菜 大学いも　すきま ゆでアスパラ

チーズ蒸しパンべんとう

→P.58

主食 チーズ蒸しパン
主菜 ウインナーのケチャップ炒め
副菜 ポテトサラダ

ちくわのいそべ揚げ&ボールおにぎりべんとう

→P.64

主食 サッカーボール&
　　　野球ボールおにぎり
主菜 ちくわのいそべ揚げ
副菜 マカロニサラダ
すきま ゆでブロッコリー

コーンシュウマイべんとう

→P.66

主食 ジャム&チーズロールパン
主菜 コーンシュウマイ
副菜 かぼちゃとハムのサラダ
すきま ゆでブロッコリー　果物 パイナップル

オムライスべんとう

→P.68

主食 オムライス
主菜 キャベツのハムチーズ巻き
副菜 にんじんのオリーブ油あえ　果物 いちご

改訂版

かんたん！

はじめて園児の
かわいいおべんとう

阪下千恵

Gakken

はじめに

子どものために、はじめて作るおべんとう。ご飯やおかずの量、使う食材など、大人用のおべんとう作りとは勝手が違って、最初は不安なことも多いと思います。

本書は、子どもの「食べたくなる意欲」を育むことを目的とし、衛生面に配慮しながら、見た目のかわいらしさや楽しさに工夫を凝らしたレシピを紹介する書籍として2019年に刊行された『かんたん！ はじめて園児のかわいいおべんとう』の改訂版です。

近年、子どもの食に関する情報が多様化し、食の安全に対する社会の意識は、さらに高まりを見せています。そこで、この改訂版では、日本小児科学会からの提言や、消費者庁による注意喚起、厚生労働省によるガイドラインなどに準じ、誤嚥・窒息につながるリスクを減らすための食材の選び方や調理の工夫などを盛り込みました。読者のみなさまから寄せられたお悩みや不安を解決し、毎日楽しく作れて、子どもが安心して食べられるおべんとうになるよう改訂しています。

おべんとうは、家庭での食事の延長線上にあります。はじめてのおべんとうだからといって気負うことなく、おうちで食べ慣れている食材、味つけ、切り方のおかずを入れてあげましょう。8ページからの「園児のおべんとうの基本」を参考に、子どもの成長に応じて、無理をせずステップアップしてみてください。

私自身、はじめて娘のためにおべんとうを作ったときのことを思い返してみると、今となってはとても幸せな思い出となっています。「ちゃんと食べられるかな？　量は多すぎないかな？　喜んでくれるかな？」と、いう心配とともに、親子そろって、はじめて一歩外の世界に踏み出したワクワク感でいっぱいでした。

最初は、毎日頑張りすぎて大変だったこともありましたが、慣れてくると、作りおきを活用したり、市販のおかずも使ってみたりと、"ちょうどよい手のかけ具合"がだんだんわかってきます。本書では、朝、時間がないときや、料理に慣れていない人でも、作りやすくするためのコツや、ちょっとしたアイデアで見た目のかわいらしさをアップするテクニックもたくさん盛り込んでいます。ぜひ、自分に合ったスタイルを探しながら、おべんとう作りを楽しんでください。

からっぽになったおべんとう箱を、誇らしげに持って帰ってくる子どもの姿は、おべんとう作りの何よりの原動力であり、大切な宝物です。

阪下千恵

Contents

改訂版

かんたん！ はじめて園児の
かわいいおべんとう

PART 1　はじめての おべんとう作り!!

PART 2　毎日使える おべんとうレシピ

おべんとう作りの5つのポイント

おべんとう作りで気をつけたいポイントをまとめました。
作りやすく、子どもが食べやすいおべんとうを目指しましょう。

① 食べやすくする！

園児のためのおべんとう作りで、まず気をつけたいのは、食べやすくしてあげるということ。ちょっとした工夫が、完食への第一歩となります。

鶏肉は筋と皮を取る

ささみの筋や、もも肉の余分な皮は、ていねいに取り除くと食べやすくなります。

魚は骨抜きをする

魚の小骨はピンセットや骨抜きを使って、1本1本ていねいに取り除きます。

一口サイズに切る

おかずは基本的に一口サイズに切りましょう。年少さんには3〜4cm大くらいが目安です。

つかみやすくする

慣れるまでは手づかみで食べる子も多いもの。ご飯はラップで包むと、つかみやすくなります。

② 作りやすくする！

朝の忙しい時間に作るおべんとうは、すばやく、効率よく調理したいところです。便利な調理道具や市販食品などをうまく活用しましょう。

小さめの調理道具を使う

園児のおべんとうは、おかずの分量が少ないので、ミルクパンや小さめのフライパン、ボウルなど、小さい調理道具を活用すると作りやすく、すばやく調理できます。

市販食品を活用

レトルトのホワイトソースや冷凍食品など、市販の調理済み食品を活用して時間を短縮！

同時調理で時短

主菜と副菜の材料を同じフライパンで同時に焼いたり、鍋で同時にゆでたりして効率アップ。

③ かわいくする！

見た目がかわいいおべんとうは、子どもの「食べたい！」という気持ちを高めてくれます。パンチや抜き型を使えば、かんたんにかわいくデコることができます。

焼きのりでデコ

パンチを使って抜いたり、はさみで好みの形に切り取ったりして使える焼きのりなら、顔や模様のデコが思いのままに。

抜き型でデコ

ゆでた野菜やスライスチーズなど、やわらかいものは抜き型で抜いて、かわいいモチーフに。

④ 誤嚥ご えん・窒息ちっそくに注意！

食品による誤嚥や窒息はめずらしいことではありません。小さく切ったりあえたりというひと手間で事故を予防することができます。

✕ 丸くてつるっとしたもの

表面がなめらかで丸い食材は、ふとした瞬間に飲み込んで、のどに詰まるおそれがあります。¼程度の大きさにカットして小さくしましょう。

✕ 噛み切りにくいもの

固いもの、弾力性があるものは、口の中で小さく噛み切れないまま飲み込むと、窒息につながる可能性が。コロンとした形を避けて小さく切ってあげましょう。

✕ 飲み込みづらいもの

唾液を吸収する食材は、よく噛まずに食べると、塊のまま喉に入ってしまうことも。調味料であえるなど、なめらかにして飲み込みやすくする工夫を。

✕ ピックに刺したもの

見た目がかわいらしくなるピックですが、先端がとがっているため、あやまって喉に刺したり、他の子を突いたりしてしまう可能性もあるので注意が必要。

⑤ 衛生面に注意する！

できたてをすぐ食べることができないおべんとうは、食中毒などが気になるところ。衛生面に注意をして作りましょう。

清潔な道具を使う

保存容器や調理道具はきれいに洗って水けをしっかり拭き取り、はしは調理用と取り分け用を分けて使うことで、雑菌の繁殖を防ぎます。

水けをきる

食材の水けをきり、なるべく汁けを残さない調理をします。

よく冷ます

詰める前や、保存の前に、保冷剤などでおかずをよく冷まします。

おべんとう調理のヒント

おべんとう作りの際に、時間を短縮したり、食べやすくしたり、彩りをよくしたりできる、
ちょっとした調理のヒントをご紹介します。

基本は計3～4品

この本のおべんとうは、基本的に「主食」「主菜」「副菜」＋「すきまおかず」の計3～4品で完成します。副菜を2品にしたり、すきまおかずなしにしたりしてもOK。この組み合わせで栄養バランスもバッチリ。

主 食
ご飯、パン、麺類など1日のエネルギーの素になる。

主 菜
肉や魚のおかずなど子どもの体の成長に必要となる。

副 菜
野菜や卵など、主菜だけでは足りないビタミンなどの栄養素を補う。

すきまおかず
栄養をプラスしつつおべんとうのすきまを埋めたり、おかずの色を足したりするために添える。

彩りよいおかずをセレクト

赤、緑、黄色など、色鮮やかな野菜を使うことで、見た目がカラフルで、食欲をそそるおべんとうに。副菜やすきまおかずなどにバランスよく取り入れて。

 おべんとうが華やかになる
赤のおかず（→P.100）

 彩りでも栄養面でも欠かせない
緑のおかず（→P.102）

 明るい色で元気になれる
黄のおかず（→P.104）

忙しい朝でも段取りよく

ゆでるお湯は最初に沸かしておく、材料はまとめて切るなど、タイムテーブルに沿って作業すると効率よく調理できます。おかずのサイズは写真を参考にして。

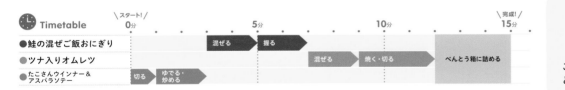

Timetable	スタート！ 0分	5分	10分	完成！ 15分
●鮭の混ぜご飯おにぎり		混ぜる　握る		べんとう箱に詰める
●ツナ入りオムレツ			混ぜる　焼く・切る	
●たこさんウインナー＆アスパラソテー	切る　ゆでる・炒める			

実寸サイズ

このマーク入りのおべんとうは実寸サイズで掲載。

作りおきも上手に活用

この本では、作りおきができるおべんとうおかずも紹介しています。そのまま入れるのはもちろん、アレンジすれば夕食のおかずにも活用できて便利です。

コーンシュウマイ
べんとう（→P.66）

主菜は作りおきを詰めるだけ！

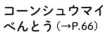

作りおきおかず
コーンシュウマイ
（→P.98）

おべんとうおかずのシュウマイは、冷蔵なら2〜3日、冷凍は10日間保存OK。

アレンジレシピ
シュウマイ天ぷら

シュウマイに衣をつけて天ぷらにアレンジ。サクッとプリッとした食感が楽しめます。

成長に合わせて食べやすく

子どもが食べきれる分量を詰めることが大事。家で食べ慣れたおかずから始めて、歯ごたえのあるおかずは成長に合わせて少しずつ練習を。

はじめてさんは
食べ慣れたものを

主食は子ども用茶碗1杯分のおにぎり、主菜は鮭の切り身½切れくらいの量が目安。副菜は、食べやすくて彩りのよい野菜のおかずに。

かためのものは5歳になってから

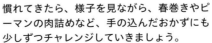

慣れてきたら、様子を見ながら、春巻きやピーマンの肉詰めなど、手の込んだおかずにも少しずつチャレンジしていきましょう。

便利な食材&注意したい食材

常備しておくと毎日のおべんとう作りに活躍する食材と、
小さい子どもには注意が必要な食材をまとめました。

◎ 便利な食材

そのまますきまおかずとして使える食材を常備しておくと便利。そのほか、日持ちする食材、ご飯のおともになる食材もそろえておきましょう。

そのまま使える

ロースハム
くるっと巻いたり型抜きしたりするとかわいらしく。

魚肉ソーセージ
輪切りを並べると、かわいい水玉模様にもなります。

かに風味かまぼこ
ちょっとしたすきまにも、スッと差し込めて便利。

漬け物
すきまに入れるだけでなくおにぎりの飾りに使っても。

ツナ缶
日持ちするうえ和風の味つけにも洋風の味つけにも合う便利な食材。

スライスチーズ
型抜きデコに。チェダータイプもあると彩りがアップ。

ホワイトソース(小分けサイズ)
温めるだけで使えます。使い切れる小分けサイズが便利です。

パン
サンドイッチに使えるパンは、忙しい朝に重宝します。

日持ちする

ミックスベジタブル(冷凍)
オムレツの具材や炒めものなどに使えます。色味もカラフルになるので○。

パスタ(マカロニ)
お米がないとき、炊き忘れたときなどに使える食材。忙しい朝は早ゆでタイプも便利。

ご飯のおともに

ふりかけ
慣れてきたら個装タイプをおべんとうに添えても。子どもに好きな味を選んでもらって。

ごま
白いご飯だと見た目がさみしいときに。黒ごまと白ごま、両方用意しておくと便利です。

⚠ 注意したい食材

そのまま使うと誤嚥や窒息につながる食材もあります。小さく切る、とろみをつける、他の食材で代用するなどの注意をしましょう。

丸くてつるっとしている

ミニトマト

¼サイズに小さく切ります。皮は湯むきしても。

うずらの卵

半分～¼のサイズに切ります。

キャンディーチーズ

喉につまらせないよう手のひらでつぶして。

ぶどう

¼大に切り、皮をむきます。タネがあればとること。

豆類

枝豆やミックスビーンズは小さく刻んで。

さくらんぼ

半分に切って、タネとへたを取ります。

固くて噛み切れない

肉類

筋などが噛み切りにくいので、小さく切ります。調理後にキッチンばさみなどでカットしても。

いか・えび

小さく切ります。ただし、いかは小さく切ってから加熱すると、さらに固くなるので注意が必要。

りんご

厚さ3㎜くらいの薄切りにします。皮は繊維質なので、できればむくようにしましょう。

心配なときはここをcheck

日本小児科学会のサイトでは、食品による窒息事故を防ぐための注意点を紹介しています。ぜひチェックしてみてください。

～食品による窒息　子どもを守るためにできること～
日本小児科学会　こどもの生活環境改善委員会 ⟶

弾力や繊維があって噛みちぎりにくい

かまぼこ

薄めに切ってから、細長く切ります。

きのこ類

1㎝程度の大きさに切って。

ソーセージ

縦半分に切ります。

ちくわ

子どもの成長に合わせて、食べやすいサイズの薄切りにします。

焼きのり

おにぎりなどに貼りつけるときは手でちぎってから。刻みのりを使っても。

唾液を吸収して飲み込みにくい

ゆで卵

細かくして、マヨネーズなどを混ぜます。

いも類

小さく切るかつぶしてマヨネーズなどを混ぜます。

おべんとう箱とグッズの選び方

子どもが使いやすいおべんとう箱やグッズを選ぶことも重要なポイント。
成長に合わせたサイズのおべんとう箱やグッズを使いましょう。

おべんとう箱の選び方

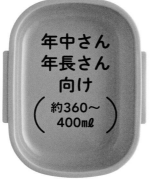

年少さん
向け
（約270〜
300㎖）

年中さん
年長さん
向け
（約360〜
400㎖）

選び方のポイント

① サイズ
年少さんは小さめの270〜300㎖くらいが目安。食欲が旺盛な子なら容量を増やしてもOK。

② かたち
だ円形か四角形が一般的。どうぶつの形のおべんとう箱も意外とおかずが詰めやすくておすすめ。

③ 材質
プラスチックのタイプが多く、電子レンジ対応のものも。園で指定がある場合もあるので確認を。

ふたの種類もいろいろ

おべんとう箱のふたにもさまざまなタイプがあります。中身を入れやすく、子どもが使いやすいものを選びましょう。

とめ具つきタイプ
ふたをとめるタイプ。開け閉めの方法を子どもに教えておきましょう。

シールタイプ
ふたがやわらかく、めくるようにして開ける密閉タイプ。開け方に慣れてから使いましょう。

かぶせるタイプ
重ねるだけで開閉がラクなタイプ。汁もれしやすいおかずは避けましょう。

グッズの選び方

スプーン
深さがあってすくいやすいものを。持ち手が長すぎないほうが使いやすいです。

フォーク
軽い力でおかずに刺せるよう先が適度にとがっていて、抜けにくいものが◎。

はし
断面が四角で持つ部分がすべりにくく、はし先にもすべり止めの溝が入っているものがおすすめ。年中、年長さんであれば16〜17㎝長さが使いやすいです。

はし入れ
スライドタイプがかんたんに開閉できておすすめです。

巾着タイプ

バンダナ
タイプ

おべんとう包み
巾着タイプはひもをといてかんたんに開けられます。バンダナタイプは子どもがほどきやすいように軽く結びましょう。開け方と結び方を練習しておくと◎。

保冷バッグ
夏場など気温が高い日は、保冷剤を入れておくと安心です。その際には、保冷バッグを使うとよいでしょう。冷気は上から下に向かうので、おべんとう箱の上に保冷剤をおくのがおすすめ。

おべんとうの量の目安＆詰め方

おべんとう箱には子どもが無理なく食べられる量を詰めましょう。
おかずを詰めやすい順番も覚えておくとよいでしょう。

量の目安

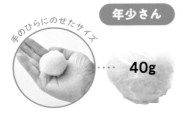

年少さん
手のひらにのせたサイズ … 40g

年中さん・年長さん
50g … 手のひらにのせたサイズ

おにぎりは口に入れやすいサイズに

年少さんは口に入れやすい1個40gくらいが目安。食欲旺盛な場合や、年中さん・年長さんの場合は1個を50gに大きくしたり、数を増やしたりしてもいいでしょう。

ご飯の量は子ども用茶碗1杯分を目安に

おべんとうに詰めるご飯の量は子ども用茶碗1杯分（約80〜100g）くらいが目安。子どもの食欲に合わせて調節して。

おかずは1〜2切れを食べやすく切る

年少さんなら3〜4cm大に切っておくと食べやすく、噛み切りやすい大きさに。しっかり噛めるようになってきたら大きめのおかずをそのまま入れても大丈夫。

詰め方

主食2 / 主菜1 / 副菜＆すきまおかず1

詰め方のポイント

❶ 2：1：1のバランスで詰める
主食：主菜：副菜＆すきまおかずを2：1：1の割合で詰めると見た目が美しく、栄養バランスもよくなります。

❷ 形が決まったおかずから詰める
量が多い主食や、大きくて形が決まっているおかずから先に詰めていくときれいに収まります。

❸ くずれないよう寄せながら詰める
最後に入れる副菜やすきまおかずは、先に入れたおかずを寄せてから詰めると、すきまを埋められます。

1 主食を詰める

量が多い主食から詰めます。おにぎりの場合は端に寄せて入れ、ご飯の場合はつぶれないようふっくらと入れます。

2 主菜を詰める

次に大きい主菜を詰めます。細長い形のおかずはやや立てて詰めると、残りのおかずが詰めやすくなります。

3 副菜を詰める

卵焼きなど形がしっかりしているおかずを入れます。あえものなどは紙カップを使って収めるように。

4 すきまおかずを詰める

おかずとおかずの間の部分的に空いているスペースに、小さなおかずを詰めて、すきまを埋めていきます。

調理や飾りつけによく使う道具

調理道具は少量のおかずを作るのに便利な小さいサイズのものがおすすめ。
デコに使う道具は1か所にまとめて用意しておくと、朝の作業がスムーズです。

ミルクパン
小さいサイズの鍋。ゆでたり煮たりするときに、少量のお湯や煮汁で作れて便利です。

卵焼き器
フライパンで作るよりも、卵焼きがきれいに仕上がります。

菜ばし
調理用、おべんとうに詰める用と分けて使用できるように複数用意しましょう。

フライパン
通常サイズのほかに、ミニサイズのものがあると、食材の量に合わせて使い分けできます。

ラップ
おにぎりを握るとき、サンドイッチを包むときなどに使います。

小さめのボウル
混ぜたりあえたりするときは小さなボウルがあると作業しやすくなります。

竹串
パンチで抜いたのりなどをつまんでのせたり、焼き上がりのチェックをするときに使います。

はさみ
調理に使うキッチンばさみ。デコ用にのりを細かくカットするときは、小さなはさみがおすすめ。

食品用ポリ袋
食材を入れて、もみ込む（下味をつける）ときなどに使います。

ピンセット
ごまなどの小さなパーツをデコするときに使います。

冷凍用保存袋
作りおきおかずの保存などに使用。しっかり空気を抜いて保存します。

細巻き用型
ご飯を詰めて細巻きの形に成形する型。100円ショップなどで手に入ります。

密閉容器
作りおきおかずをカップに小分けして保存するときなどに使います。

便利でかわいい飾りグッズ

使うだけでおべんとうがかわいく仕上がるグッズを紹介します。
子どもが好きなモチーフやどうぶつのグッズを使っても喜ばれます。

カップ

味移りを防止できるカップにはさまざまなタイプがあります。用途や好みに合わせて選びましょう。

シリコンカップ

洗ってくり返し使えるカップ。レンジで使用できるものもあります。

プラスチックカップ

洗ってくり返し使え、形のバリエーションがたくさん。ふたつきのタイプもあります。

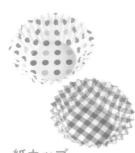

紙カップ

使い捨てタイプ。色柄が豊富でさまざまなバリエーションが楽しめます。

バラン

おかずとおかずを仕切るために使います。定番の草の形以外にも、いろいろな形や素材が選べます。

どうぶつタイプは飾りにしてもかわいくなります。子どもが好きなどうぶつを使っても。

ペーパー

油ものも包めるワックスペーパーや柄ホイルは、使うとおべんとうがパッと明るく見えます。

ワックスペーパー・柄ホイル

詰める前に敷くほか、おかずの仕切りとしても使えます。サンドイッチやおにぎりを包むとかわいさアップ。

パンチ・型

のりやハムなど薄いものを型で抜いてデコに使いましょう。

のりパンチ

スタンプのように押すだけで、人やどうぶつの顔のパーツなどがかんたんに作れます。

抜き型

クッキーなどに使う抜き型のほか、おべんとう専用のものもあります。

おにぎりラップ

フィルムタイプのおにぎりラップはおにぎりを包むだけでどうぶつやフルーツのモチーフに。

シール・テープ

子どもはシールやテープが大好き。子どもに自分で貼らせてあげてもOK!

パンやおにぎりを包んだラップの上に貼ってかんたんデコ。

本書の使い方

8週分+αの おべんとうカレンダー

PART1では、おべんとうデビューにぴったりのかんたんレシピを2パターン紹介。PART2では、月～金まで無理なく作れるバラエティ豊かなおべんとうを8週分紹介しています。

らくらく作れる かんたんレシピ

おべんとうに入っている主食、主菜、副菜、すきまおかずの材料と作り方を掲載。

作りおきできる 便利おかず

PART2で「作りおきOK!」のマークが入っているレシピは、PART3で作りおき用の分量&作り方と保存方法、アレンジ例も紹介。冷凍保存の解凍方法は、このページの左下を参考に。

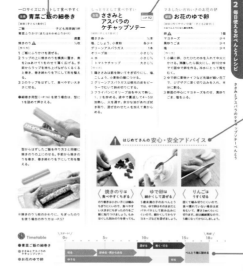

はじめてさんの 安心・安全 アドバイス

レシピの材料名に⚠マークがある食材は、窒息事故につながるおそれがある食材です。成長に合わせて安心して食べられるよう、安全な切り方や調理方法のアドバイスを紹介しています。

効率よく作れる タイムテーブル

おべんとうを作る手順をおかずごとに一覧にした表。この順序に沿って作ると効率よく作れます。

PART 3 作りおきおかずの解凍方法

◆基本的に、耐熱容器に載せ、ふんわりラップをかけて電子レンジで解凍します。

◆解凍してからさらに、野菜などの小さなおかずは20秒～1分を目安に、肉や野菜、ご飯などの大きいおかずは1分30秒～3分を目安に、様子を見ながら加熱します。

◆から揚げやいそべ揚げなど、揚げてから冷凍したおかずは、解凍したあとさらに電子レンジで軽く（熱くならない程度に）加熱し、アルミホイル（くっつきにくいタイプ）を敷いた天板の上に並べ、（表面が焦げそうなときはホイルをかぶせて）オーブントースターで少し焼くとカリッとした食感になります。

◆解凍して汁けが出たら、おべんとう箱に詰める前に汁けを切りましょう。

●材料は基本的に子ども1食分の分量を掲載していますが、少量だと作りにくい場合や、作りおき可能なおかずは、作りやすい分量を紹介しています。おべんとうに使わない分は、朝食にするか、作りおきとして保存してください。

●特に記載がない場合、砂糖は上白糖、塩は天然塩、酢は米酢、味噌は信州味噌、しょうゆは濃口しょうゆを使用しています。

●野菜を洗う、皮をむくなどの工程は省略しています。

●めんつゆは、2倍濃縮タイプを使用しています。3倍濃縮の場合はレシピ分量の⅔量、4倍濃縮の場合は½量を目安に調整してください。

●だし汁は、昆布とかつおでとったものを使用しています。和風だしの素を使う場合は、塩分を調整してください。

●酒、みりんは、あらかじめ煮切ってアルコール分を飛ばしたものを使ってください。また、酒は同量の水に置き換えても、みりんは同量の水と分量の⅓の砂糖に置き換えても、作ることができます。

●計量単位は大さじ1＝15㎖、小さじ1＝5㎖、1カップ＝200㎖です。

●「ひとつまみ」＝親指、人差し指、中指の3本の指でつまんだ量、「少々」＝親指と人差し指の2本の指でつまんだ量、「適量」＝料理に見合った適当な量、「適宜」＝好みで入れても入れなくてもよいことを意味しています。

●火加減は特にことわりのない限り、中火で加熱してください。

●フライパンは、直径20～22㎝のフッ素樹脂加工のものを使用しています。

●電子レンジの加熱時間は600Wを基準にしています。500Wの場合は加熱時間を1.2倍にしてください。ただし、機種によって多少差が出るため、適宜調節してください。

●オーブントースターの加熱時間は、1000W（約230℃）の場合の目安を記載していますが、機種によって差が生じやすいので、様子を見ながら調節してください。

●冷蔵・冷凍の保存期間は目安です。おいしく食べられる期間はご家庭での調理・保存状態によって変わりますので、調理器具や保存容器の衛生管理に十分注意し、おべんとう箱に詰める前に必ずおかずの状態をよく確認してください。また、冷蔵・冷凍保存した肉・魚などのおかずは、再加熱してからおべんとう箱に詰めてください。

--- ---

本書では、えび、かに風味かまぼこ、卵、小麦粉、ピーナッツホイップバター、ピーナッツ粉を使用するレシピを紹介しています。お子さんが食物アレルギーをお持ちの場合は食べさせないでください。

PART 1

はじめての
おべんとう作り!!

はじめてのおべんとうは、作りやすくて食べやすい定番おかずがおすすめ。
失敗せずに作れるよう、段取りのタイムテーブルとともにご紹介します。

基本のおにぎりべんとう

おにぎりと卵焼きは、おべんとうの基本中の基本！ あとは、カラフルな野菜おかずと、
ウインナーがあればOKです。これを作れるようになったら、もう安心。

このおべんとうに
使う材料

実寸
サイズ

シンプルおかず
だから失敗知らずで
絶対おいしい！

すきま ミニたこさんウインナー

果物 パイナップル

副菜 アスパラと
パプリカのおかかあえ

主食 2色おにぎり

主菜 青のり入り卵焼き

青のりで彩りも栄養もアップ

主菜 青のり入り卵焼き

[材料（作りやすい分量※・子ども6食分）]
※おべんとうには⅙量を使用。

卵	2個
A 青のり	小さじ½
しょうゆ	小さじ⅓
砂糖	大さじ½
塩	少々
サラダ油	小さじ⅓

[作り方]
1 卵はボウルに溶きほぐし、Aを加えてよく混ぜる。
2 卵焼き器にサラダ油を中火で熱し、1を流し入れて菜ばしで大きく混ぜる。半熟状になったら火を弱め、奥から手前にくるくると巻く。
3 フライ返しで形を整え、2～3回返しながら、弱火で中まで火を通す。
4 粗熱が取れたら6等分に切る。

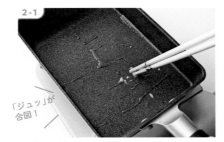

2-1

「ジュッ」が合図！

菜ばしの先に少し卵液をつけ、卵焼き器におしつけたときに音がしたら、流し込むタイミング。

2-2

穴があいても最後にまとめれば大丈夫！

菜ばしで卵液を大きく混ぜていく。この段階では穴があいていてもOK。

2-3

菜ばしでくるくる！

半熟状になったら、卵焼き器の奥から手前に向かってくるくると巻いていく。

2-4

フライ返しでトントン！

折りたたむサイズが大きくなってきたら、菜ばしからフライ返しにチェンジ。

混ぜるだけのカラフルおにぎり

主食 2色おにぎり

[材料（子ども1食分）]

ご飯	子ども用茶碗1杯
鮭フレーク	小さじ1
赤じそふりかけ	適量（約小さじ¼）

[作り方]
1 ご飯は半分に分け、それぞれ鮭フレークと赤じそふりかけを混ぜる。
2 1をそれぞれラップを使って三角に握る。

ふんわり仕上がるよう、やさしく握って

手を山の形にして握ることで、三角に握れる。

1分ゆてあえるだけ

副菜 アスパラとパプリカのおかかあえ

[材料（子ども1食分）]

グリーンアスパラガス	½～⅔本（あれば上の部分）
パプリカ（赤）	3×4cm大1枚（約⅛～⅒個）
A けずり節	1g
しょうゆ	小さじ¼

[作り方]
1 グリーンアスパラガスは根元の⅓の部分はピーラーで皮をむき、長さを4cm程度に切る。パプリカは5mm幅に切る。
2 鍋に湯を沸騰させ、1を1分ほどゆで、ザルにあげておく。
3 ボウルにA、2を入れてあえる。

※アスパラ、パプリカと一緒にすきまおかずのソーセージをゆでると時短に。または、卵焼きを焼いた後の卵焼き器でソーセージを1分ほど炒めてもOK。

かわいい半分たこさん

すきま ミニたこさんウインナー

[材料（子ども1食分）]

皮なしミニウインナーソーセージ	2本
塩	適宜

[作り方]
1 ソーセージは縦半分に切り、さらに下半分に3等分に切り込みを入れる。

加熱するとくるん！

3等分の切り込みが食べやすくちょうどいいサイズ。

2 鍋に湯を沸騰させ、30秒～1分ゆでる。お好みで塩ごく少々をふり、さっとからめる。

フルーツを添えて

果物 パイナップル

厚さ1cm程度の一口サイズに切る。

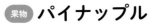
次のページのTimetableをチェック！

基本のおにぎりべんとう Timetable

\ スタート！ /
0分 ・ ・ ・ ・ **5分** ・ ・ ・ ・

● 2色おにぎり

作って冷ます

保冷剤の上にバットを置くと、早く冷ますことができます。

● 青のり入り卵焼き

卵を溶く

ボウルに卵を割り入れて溶きほぐします。

● アスパラとパプリカのおかかあえ

お湯をわかす

一番最初にお湯をわかしておくと、そのあとの作業がスムース。

切る

包丁とまな板を使う作業は、まとめて一度にします。

ゆでる

同じ鍋で一度にゆでると調理時間の短縮に。

● ミニたこさんウインナー

お湯をわかす

切る

ゆでる

● パイナップル

\完成!/
20分

10分

15分

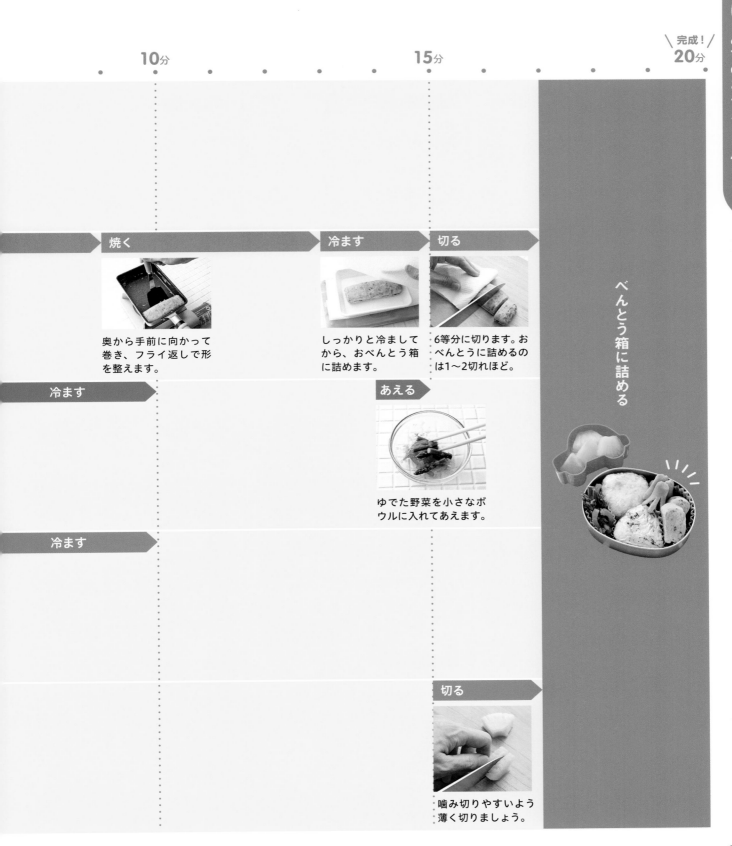

焼く

奥から手前に向かって
巻き、フライ返しで形
を整えます。

冷ます

しっかりと冷まして
から、おべんとう箱
に詰めます。

切る

6等分に切ります。お
べんとうに詰めるの
は1〜2切れほど。

冷ます

あえる

ゆでた野菜を小さなボ
ウルに入れてあえます。

べんとう箱に詰める

冷ます

切る

噛み切りやすいよう
薄く切りましょう。

ふりかけご飯べんとう

おべんとうに慣れてきたら、ふりかけご飯にチャレンジ。
また、から揚げは、不動の人気おかず。下味をつけて揚げるだけなので、実はかんたん。

このおべんとうに
使う材料

実寸
サイズ

果物 オレンジ

ゆで野菜と
卵焼きで
彩りもバッチリ！

主菜 から揚げ

副菜① 折りたたみ卵焼き

主食 ふりかけご飯

副菜② ゆでブロッコリー、型抜きにんじん

定番おかずの基本!
主菜 から揚げ

作りおきOK!
→ P.92

[材料（子ども1食分）]

鶏もも肉（から揚げ用）・・・・・・・・・・・ 2切れ
A しょうゆ・・・・・・・・・・・・・・・・ 大さじ½
　酒・・・・・・・・・・・・・・・・・・・・・ 小さじ½
　おろししょうが・・・・・・・・・・・ 小さじ¼
　片栗粉・・・・・・・・・・・・・・・・・・ 小さじ½
片栗粉・・・・・・・・・・・・・・・・・・・・・・・ 適量
揚げ油・・・・・・・・・・・・・・・・・・・・・・・ 適量

※油の温度170℃は、揚げ油を中火で4～5
　分熱し、乾いた菜ばしの先を入れたとき
　に細かい泡がシュワシュワ上がってくる
　くらいが目安。

[作り方]
1 ボウル（またはポリ袋）にAと鶏肉を入れ
　てしっかりともみ込む（時間があればそのまま10分ほどおく）。
2 1を揚げる直前に片栗粉をまぶす。

カリッとした衣になる!

片栗粉は茶こしなどを使って鶏肉全体にうすくまぶす。

3 フライパンに揚げ油を170℃※に熱し、
　2を入れる。途中上下を返しながら6分
　ほど揚げて火を通し、油をきる。

揚げ上がりの色はこんな感じ!

揚げ油の量は深さ4～5㎝くらいが目安。

4 粗熱が取れたら、食べやすいよう2～3等
　分に切る。

卵焼き器がなくても作れる
副菜① 折りたたみ卵焼き

[材料（作りやすい分量※・子ども1～2食分）]
※2切れを使用

卵・・・・・・・・・・・・・・・・・・・・・・・・・ 1個
A 砂糖・・・・・・・・・・・・・・・・・・ 小さじ⅔
　塩・・・・・・・・・・・・・・・・・・・・・・・ 少々
　しょうゆ・・・・・・・・・・・・・・・・ 小さじ¼
サラダ油・・・・・・・・・・・・・・・・・・ 小さじ¼

[作り方]
1 卵はボウルに溶きほぐし、Aを加えてよ
　く混ぜる。
2 小さめのフライパンにサラダ油を中火で
　熱し、1を流し入れて菜ばしで手早く混
　ぜる。半熟状になったら火を弱め、両端
　を中心に向かって少したたみ、奥から手
　前に向かってくるくると巻く。
3 上下を2～3回返して中まで火を通す。
4 粗熱が取れたら4等分に切る。

3-1
まんべんなく混ぜる!

卵液をフライパンに流し込み、全体をくるくると混ぜる。

3-2
破けないように、少しずつ!

半熟状になったら、まず両端を少し内側にたたむ。

3-3
くるくると折りたたむ

奥から手前に向かってくるくると巻いていく。

3-4
トントンおさえて整える!

最後にフライ返しなどで形を整えて完成。

好きな味を選んで
主食 ふりかけご飯

[材料（子ども1食分）]
ご飯・・・・・・・・・・・・・・ 子ども用茶碗1杯
好みのふりかけ・・・・・・・・・・・・・・・ 適量
[作り方]
ご飯をおべんとう箱に詰め、ふりかけをふる。

ゆで野菜で彩りを!
副菜② ゆでブロッコリー、型抜きにんじん

[材料（子ども1食分）]
ブロッコリー・・・・・・・・・・・・・・・ 小2房
にんじん・・・・・・・・ 5㎜の輪切り2～3枚
塩・・・・・・・・・・・・・・・・・・・・・・・・・ 少々
マヨネーズ・・・・・・・・・・・・・・・・・ 適宜
[作り方]
1 ブロッコリーは食べやすいサイズの小房
　に分ける。
2 小鍋に野菜がつかるくらいの水、にんじ
　んを入れて中火にかける。沸騰して2分
　ほどしたら、ブロッコリーを加えて2～3
　分ゆでる。
3 ザルにあげてしっかりと水けをきり、塩
　をまぶす。にんじんは型抜きする（写真
　は花型）。ブロッコリーは詰めるときに
　お好みでマヨネーズ少々を添える。

ビタミンカラーを添えて
果物 オレンジ

厚さ1㎝のいちょう切りにする。

次のページのTimetableをチェック!

ふりかけご飯べんとう **Timetable**

\ スタート! /

	0分	5分	10分

●ふりかけご飯

詰めて冷ます

ご飯は押し込まず、ふわっと詰めると食べやすいです。

●から揚げ

つけこむ

下味をしっかりつけることで、冷めてもおいしさキープ。

揚げる

中まで火が通るよう、しっかりと加熱すること。

●折りたたみ卵焼き

卵を溶く

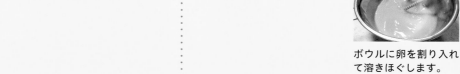

ボウルに卵を割り入れて溶きほぐします。

●ゆでブロッコリー、型抜きにんじん

お湯をわかす

お湯は最初にわかしておくと段取りよく。

切る

にんじんは、輪切りにします。

ゆでる

●オレンジ

ふりかけご飯べんとう タイムテーブル

15分　　　　　　　　　20分　　　　＼完成!／
25分

冷ます

粗熱がとれるまで冷まします。

切る

しっかりと冷ましてから、
それぞれ切ります。

焼く　　　冷ます　　切る

奥から手前に向かってくる
くると巻きます。

べんとう箱に詰める

冷ます

水からにんじんをゆで、あ
とからブロッコリーを入れ
ます。

型で抜く

ゆでたにんじんを型抜きし
ます。

切る

食べやすい大きさに切りま
す。

27

おべんとうを傷みにくくする コツ

子どもに安心しておべんとうを食べてもらうために、道具の衛生に気を配る、おかずの汁けを抑えるなど、
傷みにくくするコツを知っておきましょう。

コツ1

調理と盛りつけのはしを分ける

調理中に、生の肉や魚を扱うはしと、調理後に
おかずを詰めるはしは、あらかじめ別のものを
用意して使い分けます。まな板や包丁も同様に。

コツ2

おかずの水けをしっかりしぼる

野菜の水けはキッチンペーパーで押さえる、汁
けの多いおかずは詰める前にしぼっておくな
ど、できるだけ水分を減らして。

コツ3

おにぎりを手で直接触らない

おにぎりを握るときは、ご飯をラップで包んで
直接触らないようにしましょう。デコをすると
きも、はしや竹串を使って。

コツ4

野菜やフルーツはヘタを取る

ミニトマトやいちごのヘタには汚れや雑菌が
ついていることも。必ずヘタを取り除いて。カ
ットすると傷みやすいので、夏は避けること。

コツ5

念入りに加熱調理をする

肉や魚などの加熱調理は、しっかりと入念に。
ハムやかまぼこなどの加工品も、傷みやすい時
期や心配なときは、一度火を通すと安心です。

コツ6

おかずが完全に冷めてから詰める

作りたてのおかずからは蒸気が出るので、その
まま詰めると雑菌の繁殖が心配。保冷剤などで
しっかり冷ましてから詰めましょう。

コツ7

作りおきおかずは再加熱する

冷蔵や冷凍保存しておいた作りおきのおかず
を使うときは、必ず電子レンジなどで再加熱し
てから詰めましょう。

コツ8

作りおきの保存期間に注意

本書に掲載の作りおきおかずの保存期間はあ
くまで目安です。気温の高くなる夏場は早めに
食べきるなど注意しましょう。

コツ9

おべんとう用抗菌グッズを活用

市販されている抗菌シートは、おかずを詰めた
後にのせるだけでかんたんに傷み防止になる
ので、試してみても。保冷剤も活用を。

PART 2

毎日使える
おべんとうレシピ

食べやすくなるひと工夫や、見た目にも楽しいアイデアがたくさんのおべんとうレシピ。
毎日の献立のお悩みにも役立ちます。

鮭の混ぜご飯おにぎりべんとう

鮭フレーク入りのおにぎりは見た目もおいしさも◎。はじめてさんは、枝豆を刻んで食べやすくして。

実寸サイズ

主食 鮭の混ぜご飯おにぎり

主菜 ツナ入りオムレツ

副菜 たこさんウインナー＆アスパラソテー

彩りがきれいで食欲アップ！

主食 鮭の混ぜご飯おにぎり

[材料（子ども1食分）]
ご飯‥‥‥‥‥‥‥‥‥‥‥子ども用茶碗1杯
枝豆（冷凍）⚠‥‥‥‥‥‥‥‥‥‥‥‥4さや
鮭フレーク‥‥‥‥‥‥‥‥‥‥‥‥大さじ1

[作り方]
1 枝豆はさやごと流水で解凍する。さやからはずした枝豆と鮭フレークをご飯に混ぜる。
2 1を3等分にし、それぞれラップを使って丸く握る。

断面を見せて彩りプラス

主菜 ツナ入りオムレツ

[材料（作りやすい分量＊・子ども2食分）]
※おべんとうには½量を使用。
卵‥‥‥‥‥‥‥‥‥‥‥‥‥‥‥‥‥‥1個
ツナ（缶詰）‥‥‥‥‥‥‥‥‥‥‥‥大さじ1
ミックスベジタブル（冷凍）‥‥‥‥‥大さじ1
牛乳‥‥‥‥‥‥‥‥‥‥‥‥‥‥‥‥小さじ1
塩、こしょう‥‥‥‥‥‥‥‥‥‥‥各少々
オリーブ油‥‥‥‥‥‥‥‥‥‥‥‥小さじ⅓

[作り方]
1 ボウルに卵、缶汁をきったツナ、ミックスベジタブル、牛乳、塩、こしょうを入れてよく混ぜる。
2 フライパンにオリーブ油を中火で熱し、1を流し入れて菜ばしで大きく混ぜ、小判形にまとめる。弱火にして上下を返し、しっかりと中まで火を通す。食べやすく3〜4等分に切る。

かわいいたこさんでにぎやかに

副菜 たこさんウインナー＆アスパラソテー

[材料（子ども1食分）]
皮なしミニウインナーソーセージ⚠‥‥‥2本
グリーンアスパラガス‥‥‥‥‥½〜1本
オリーブ油‥‥‥‥‥‥‥‥‥‥‥小さじ¼
塩、こしょう‥‥‥‥‥‥‥‥‥‥‥各少々

[作り方]
1 ソーセージは下半分に切り込みを入れる。

2 90度回して3等分に切り込みを入れる。

3 グリーンアスパラガスは根元の皮をピーラーでむいて斜め切りにする。
4 フライパンにお湯を沸かし、2と3を1〜2分ゆでてざるにあげる。
5 フライパンの水けをふき、オリーブ油を弱火〜中火で熱し、4をさっと炒め、塩、こしょうで味を調える。

⚠ はじめてさんの 安心・安全アドバイス

枝豆は細かく刻む

丸くてつるっとしている枝豆は、ふとした拍子に飲み込んでのどに詰まらせてしまうおそれがあります。食べ慣れていない場合は、細かく切ってから、ご飯に混ぜるとよいでしょう。

ミニトマトはそのまま入れない

窒息事故を防ぐため、ミニトマトをおべんとうに入れるのは5歳になってから。5歳未満の場合は、湯むきをし、マリネやおかかあえにすると食べやすくなります（→P.100〜101）。

ソーセージは縦半分に切る

弾力があるウインナーソーセージは、5歳未満の子のおべんとうには、縦半分に切ってから入れましょう。子どもの成長に合わせて、薄切りにしたり、1〜1.5cm幅に切ったりしても。

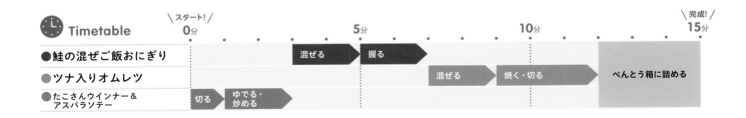

🕐 **Timetable**

	スタート！ 0分		5分		10分		完成！ 15分
●鮭の混ぜご飯おにぎり			混ぜる	握る			べんとう箱に詰める
●ツナ入りオムレツ				混ぜる	焼く・切る		
●たこさんウインナー＆アスパラソテー	切る	ゆでる・炒める					

ささみとアスパラの
ケチャップソテーべんとう

ささみにケチャップをからめてしっとりやわらかく。のり巻きは100均の専用グッズを使えばかんたん。

実寸
サイズ

主菜 ささみとアスパラのケチャップソテー

主食 青菜ご飯の細巻き

副菜 お花のゆで卵

一口サイズにカットして食べやすく

主食 青菜ご飯の細巻き

[材料(子ども1食分)]
ご飯‥‥‥‥‥‥‥‥‥‥‥ 子ども用茶碗1杯
青菜ふりかけ(またはわかめふりかけ)
‥‥‥‥‥‥‥‥‥‥‥‥‥‥‥‥‥‥ 適量
焼きのり ⚠ ‥‥‥‥‥‥‥‥‥‥‥ ½枚
[作り方]
1 ご飯にふりかけを混ぜる。
2 ラップの上に焼きのりを横長に置き、奥を2cmあけて**1**をのせて薄く広げる。手前からラップを持ち上げながらくるくると巻き、巻き終わりを下にして形を整える。
3 **2**のラップをはずして、食べやすい大きさに切る。

● 細巻き用型(→P.16)を使う場合は、型に**1**を詰めて押さえる。

型からはずしたご飯を作り方**2**と同様に焼きのりの上にのせる。手前から焼きのりを巻き、巻き終わりを下にして形を整える。

※焼きのり½枚のかわりに、ちぎったのりを使う場合の作り方は→P.57

しっとりとして食べやすい

主菜 ささみとアスパラのケチャップソテー

作りおきOK! →P.92

[材料(子ども1食分)]
鶏ささみ‥‥‥‥‥‥‥‥‥‥‥‥‥ ½本
塩、こしょう、小麦粉‥‥‥‥‥ 各少々
グリーンアスパラガス‥‥‥‥‥‥ 1本
オリーブ油‥‥‥‥‥‥‥‥‥‥ 小さじ½
A 水‥‥‥‥‥‥‥‥‥‥‥‥ 小さじ⅔
│ トマトケチャップ‥‥‥‥‥ 大さじ½
[作り方]
1 鶏ささみは筋を除いてそぎ切りにし、塩、こしょう、小麦粉の順につける。
2 グリーンアスパラガスは根元の皮をピーラーでむいて斜め切りにする。
3 フライパンにオリーブ油を中火で熱し、**1**、**2**を炒める。途中で裏返して4〜5分加熱し、火を通す。余分な油があれば拭き取り、混ぜ合わせた**A**を加えて煮からめる。

マネしたいかわいさのお花の卵

副菜 お花のゆで卵

[材料(作りやすい分量※・子ども2食分)]
※おべんとうには½量を使用。

卵 ⚠ ‥‥‥‥‥‥‥‥‥‥‥‥‥‥ 1個
マヨネーズ‥‥‥‥‥‥‥‥‥‥‥‥ 少々
黒炒りごま‥‥‥‥‥‥‥‥‥‥‥‥ 少々
塩‥‥‥‥‥‥‥‥‥‥‥‥‥‥‥‥ 少々
[作り方]
1 小鍋に卵、ひたひたの水を入れて中火にかける。沸騰したら弱火にし、約10分ゆでて固ゆで卵を作る。冷水にとって殻をむく。
2 ゆで卵に果物ナイフなど先端が細い包丁で、ジグザグに深く切り込みを入れ、半分に割る。
3 断面の中心にマヨネーズをのせ、黒炒りごま、塩をふる。

⚠ はじめてさんの **安心・安全アドバイス**

〈 焼きのりは 食べやすくちぎる 〉

のり巻きは小さい子には噛みちぎりにくいので、食べやすい大きさにちぎったのりをご飯に貼りつけましょう。もみほぐした刻みのりを使っても。

〈 ゆで卵は 細かくして混ぜる 〉

5歳未満の子のおべんとうでは、ゆで卵はそのままだとパサパサとして飲み込みにくいので、細かくしてからマヨネーズなどを混ぜましょう。

〈 りんごは うすく切る 〉

固くて噛み切りにくいので、食べ慣れていない場合は皮をむいて、厚さ3mmくらいに切ります。皮は繊維質なので、5歳になってからにしましょう。

🕐 Timetable

	スタート! 0分		5分		10分		15分	完成! 18分
●青菜ご飯の細巻き					混ぜる	巻く・切る		
●ささみとアスパラのケチャップソテー	切る		炒める・煮からめる				べんとう箱に詰める	
●お花のゆで卵	ゆでる					切る		

てまりおにぎり＆
カレー風味のから揚げべんとう

丸いおにぎりにハムとチーズを飾って、てまり風に。から揚げはさつまいもと一緒に揚げて時短調理！

実寸
サイズ

主食 てまりおにぎり

主菜 カレー風味のから揚げ＆さつまいもの素揚げ

副菜 卵焼き

細く切ったのりを貼って

主食 てまりおにぎり

[材料 (子ども1食分)]
ご飯‥‥‥‥‥‥‥‥‥‥ 子ども用茶碗1杯
好みのふりかけ‥‥‥‥‥‥‥‥‥‥‥ 適量
焼きのり ⚠ ‥‥‥‥‥‥‥‥‥‥‥‥ 適量
ロースハム、スライスチーズ‥‥‥‥ 各適量
[作り方]
1 ご飯は半分に分け、それぞれラップを使って丸く握る。
2 1にふりかけをふり、5mm幅に切った焼きのりを放射状に巻く。
3 てっぺんに型で抜いたロースハム、スライスチーズを飾る。

から揚げには定番の卵焼きを

副菜 卵焼き

[材料 (作りやすい分量※・子ども6食分)]
※おべんとうには1切れを使用。

卵‥‥‥‥‥‥‥‥‥‥‥‥‥‥‥‥‥ 2個
A 砂糖‥‥‥‥‥‥‥‥‥‥‥ 大さじ½
　塩‥‥‥‥‥‥‥‥‥‥‥‥‥‥ 少々
　しょうゆ‥‥‥‥‥‥‥‥‥ 小さじ½
サラダ油‥‥‥‥‥‥‥‥‥‥‥ 小さじ½
[作り方]
1 ボウルに卵を溶きほぐし、Aを加えて混ぜる。
2 卵焼き器にサラダ油を中火で熱し、1を流し入れて菜ばしで大きく混ぜる。半熟状になったら火を弱めて奥から手前にくるくる巻く。フライ返しで形を整え、弱火で火を通す。
3 粗熱が取れたら6等分に切る。

下味しっかりで冷めてもおいしい

**主菜 カレー風味の
から揚げ＆
さつまいもの素揚げ**

[材料 (作りやすい分量※・子ども1〜2食分)]
※おべんとうには適量を使用。

鶏もも肉 (から揚げ用)‥‥‥‥‥‥ 2切れ
A しょうゆ‥‥‥‥‥‥‥‥‥‥ 小さじ1
　酒‥‥‥‥‥‥‥‥‥‥‥‥‥ 小さじ⅓
　おろししょうが‥‥‥‥‥‥‥ 小さじ¼
　カレー粉‥‥‥‥‥‥‥‥ 小さじ⅓〜½
さつまいも (8mmの輪切り)‥‥‥‥‥‥ 1枚
片栗粉‥‥‥‥‥‥‥‥‥‥‥‥‥‥‥ 適量
揚げ油‥‥‥‥‥‥‥‥‥‥‥‥‥‥‥ 適量
[作り方]
1 ボウル (またはポリ袋) にAと鶏肉を入れてしっかりともみ込む。
2 さつまいもはさっと水にさらしてキッチンペーパーで水けを拭く。
3 1を揚げる直前に片栗粉を全体にうすくまぶす。フライパンに深さ2cm程度の油を中火で熱し、鶏肉とさつまいもを中に火が通るまで6分ほど揚げ焼きにする。

4 粗熱が取れたら、大きいから揚げとさつまいもは半分に切る。

から揚げは一口サイズにカットする

⚠ はじめてさんの 安心・安全アドバイス

**ミニトマトは
そのまま入れない**

窒息事故を防ぐため、ミニトマトをおべんとうに入れるのは5歳になってから。5歳未満の場合は、湯むきをし、マリネやおかかあえにすると食べやすくなります (→P.100〜101)。ゆでた野菜で代用してもOK。

**焼きのりは
食べやすくちぎる**

食べ慣れていないと、噛みちぎりにくく、また唾液を吸収して飲み込みづらいので、食べやすい大きさにちぎってからおにぎりに貼りつけて使います。もみほぐした刻みのりを使っても。

🕐 **Timetable**

	スタート！ 0分	5分	10分	15分	完成！ 20分
●てまりおにぎり				握る・のりを巻く・飾りをのせる	べんとう箱に詰める
●カレー風味のから揚げ＆さつまいもの素揚げ	もみ込む	揚げる			
●卵焼き			混ぜる・焼く・切る		

Week 1
木曜日

ひと口サンドイッチべんとう

食パン¼サイズの小さなサンドイッチべんとう。ジャムとハム卵の2種類が楽しめる！

実寸
サイズ

主食 ひと口サンドイッチ

果物 いちご

主菜 ゆで野菜のマヨあえ

副菜 ハムのくるくる巻き

パクパク食べられるサイズ

主食 ひと口サンドイッチ

[材料 (子ども1食分)] ※卵ペーストは半量のみ使用。

サンドイッチ用食パン	2枚
卵	1個
A マヨネーズ	大さじ½
┃ 塩、こしょう	各少々
ロースハム	1枚
サラダ菜	1枚
バター	適量
いちごジャム	大さじ½

[作り方]

1 小鍋に卵、ひたひたの水を入れて中火にかける。沸騰したら弱火にし、約10分ゆでて固ゆで卵を作る。冷水にとって殻をむき、フォークでつぶし、Aであえる。

2 食パンは半分に切り、2切れを1組にする。

3 半分に切って重ねたロースハム、1の卵ペースト半量、折りたたんだサラダ菜を食パン1切れにのせて、もう1切れではさみ、ラップで包む。もう1組はバター、いちごジャムを塗ってはさみ、ラップで包む。それぞれ冷蔵庫に入れて冷やす (時間のあるときは20分以上冷やすと切りやすい)。

4 3のラップを外し、半分に切る。

ゆでてあえるだけのかんたん調理

主菜 ゆで野菜のマヨあえ

[材料 (子ども1食分)]

にんじん	5mmの輪切り2枚
ブロッコリー	小2房
マヨネーズ	小さじ1
塩	少々

[作り方]

1 小鍋に野菜がつかるくらいの水、にんじんを入れて中火にかける。沸騰して1分ほどしたら、ブロッコリーを加えて2〜3分ゆでる。

2 ボウルに1を入れマヨネーズ、塩を加えてあえる。

くるくる巻いてお花の形に

副菜 ハムのくるくる巻き

[材料 (子ども1食分)]

ロースハム	1枚

[作り方]

1 ロースハムは半分に切る。

2 1の1切れを横半分に折り、端から巻いていく。

3 もう1切れも同様に折り、2の上から巻きつける。

フルーツで赤を取り入れて

果物 いちご

いちご2個はヘタを取る。

※子どもの成長に合わせて食べやすい大きさに切り、別の容器に詰めても。

🕐 **Timetable**

	スタート！ 0分	5分	10分	15分	完成！ 19分
●ひと口サンドイッチ	卵をゆでる		パンに具をはさむ・切る		べんとう箱に詰める
●ゆで野菜のマヨあえ	野菜をゆでる	あえる			
●ハムのくるくる巻き	切る・巻く				
●いちご				ヘタを取る	

鮭の照り焼きべんとう

Week 1
金曜日

鮭は照り焼きにして臭みを抑えて。のりパンチで作る顔デコは、ケチャップでさらに表情豊かに。

実寸
サイズ

すきま かに風味かまぼこ

副菜 根菜といんげんの甘煮

主菜 鮭の照り焼き

主食 にこにこ顔おにぎり

仕上げの赤いほっぺたがポイント

主食 にこにこ顔おにぎり

[材料（子ども1食分）]
ご飯‥‥‥‥‥‥‥‥‥‥‥ 子ども用茶碗1杯
塩‥‥‥‥‥‥‥‥‥‥‥‥‥‥‥‥‥‥ 少々
焼きのり‥‥‥‥‥‥‥‥‥‥‥‥‥‥‥ 適量
トマトケチャップ‥‥‥‥‥‥‥‥‥‥‥ 少々

[作り方]
1 ご飯は半分に分け、それぞれラップを使って丸く握り、塩をまぶす。
2 焼きのりはパンチ（または小さなはさみ）で目、口を作って**1**に貼る。

3 竹串の先につけたトマトケチャップで、ほっぺたを塗る。

少しぼかしながらつけるのがコツ

照り焼きダレで生臭さをオフ

主菜 鮭の照り焼き

 作りおきOK!
→P.93

[材料（子ども1食分）]
生鮭‥‥‥‥‥‥‥‥‥‥‥‥‥‥‥ ½切れ
小麦粉‥‥‥‥‥‥‥‥‥‥‥‥‥‥‥ 少々
サラダ油‥‥‥‥‥‥‥‥‥‥‥‥‥ 小さじ½
A｜しょうゆ、みりん、水‥‥‥‥ 各小さじ1
　｜砂糖‥‥‥‥‥‥‥‥‥‥‥‥‥ 小さじ⅓

[作り方]
1 生鮭は骨と皮を取り除いて半分に切り、小麦粉をうすくまぶす。
2 フライパンにサラダ油を中火で熱し、**1**を入れてふたをする。途中でふたを開けて裏返しながら5～6分焼き、火を通す。
3 余分な油をキッチンペーパーで拭き取り、**A**を加えて煮からめる。

苦手な野菜も甘く煮ればOK！

副菜 根菜といんげんの甘煮

[材料（作りやすい分量※・子ども2～3食分）]
※おべんとうには適量を使用。

さつまいも‥‥‥‥‥‥ 1cmの輪切り3枚
にんじん‥‥‥‥‥‥‥ 8mmの輪切り3枚
さやいんげん‥‥‥‥‥‥‥‥‥‥‥‥ 2本
A｜だし汁‥‥‥‥‥‥‥‥‥‥‥ ½カップ
　｜砂糖‥‥‥‥‥‥‥‥‥‥‥‥ 大さじ½
　｜しょうゆ‥‥‥‥‥‥‥‥‥‥ 小さじ½
　｜塩‥‥‥‥‥‥‥‥‥‥‥‥‥‥ 少々

[作り方]
1 さつまいもは食べやすいサイズに切り、にんじんは星型などで抜く。さやいんげんは4cm長さに切る。
2 小鍋に**1**、**A**を入れて中火にかける。煮立ったら弱火にしてふたをし、約10分煮る。

縦に差し込んですきまにイン

すきま かに風味かまぼこ

かに風味かまぼこ1本は斜めに切る。

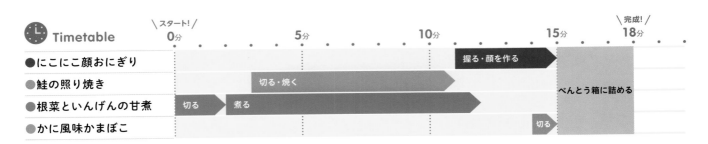

Timetable

	スタート! 0分			5分		10分		15分	完成! 18分
●にこにこ顔おにぎり							握る・顔を作る	べんとう箱に詰める	
●鮭の照り焼き			切る・焼く						
●根菜といんげんの甘煮	切る	煮る							
●かに風味かまぼこ							切る		

39

お花の卵おにぎり＆ ハンバーグべんとう

小さなおにぎりを花びらのように詰めて、ハムのお花、チーズのお花で飾ったハンバーグで花づくしに。

実寸
サイズ

主菜 ハンバーグ＆
ズッキーニと赤パプリカのソテー

主食 お花の卵おにぎり

副菜 ハムの花飾り

花びら風のキュートなおにぎり

主食 お花の卵おにぎり

[材料（子ども1食分）]
ご飯‥‥‥‥‥‥‥‥‥‥ 子ども用茶碗1杯
卵‥‥‥‥‥‥‥‥‥‥‥‥‥‥‥ ½個分
塩、こしょう‥‥‥‥‥‥‥‥‥‥ 各少々

[作り方]
1 耐熱容器にご飯、溶いた卵、塩、こしょうを入れて混ぜ、ふんわりとラップをする。
2 電子レンジで40秒～1分加熱し、卵に火が通ったら混ぜ合わせる。
3 2を5等分にし、それぞれラップを使ってしずく形に握る。とがったほうを下にしておべんとう箱にお花型に並べる。

ミニサイズで食べやすく

主菜 ハンバーグ＆ズッキーニと赤パプリカのソテー

作りおきOK!
→P.93

[材料（子ども1～2食分）]
※おべんとうにはハンバーグ1個とソテー適量を使用。

合いびき肉‥‥‥‥‥‥‥‥‥‥‥‥ 50g
玉ねぎ（みじん切り）‥‥‥‥‥‥ 大さじ1
パン粉‥‥‥‥‥‥‥‥‥‥‥‥ 大さじ2
卵‥‥‥‥‥‥‥‥‥‥‥‥‥ 大さじ1強
（卵の代わりに牛乳大さじ1で代用してもOK）
塩‥‥‥‥‥‥‥‥‥‥‥‥‥‥‥ 適量
こしょう‥‥‥‥‥‥‥‥‥‥‥‥‥ 少々
オリーブ油‥‥‥‥‥‥‥‥‥‥ 小さじ⅓
ズッキーニ‥‥‥‥ 5mmの半月切り4～6枚
パプリカ（赤）‥‥‥‥‥ 5mmの細切り1.5cm
A トマトケチャップ‥‥‥‥‥‥ 大さじ1
　 ウスターソース‥‥‥‥‥‥ 小さじ¼
　 水‥‥‥‥‥‥‥‥‥‥‥‥ 大さじ1
　 片栗粉‥‥‥‥‥‥‥‥‥‥ 小さじ⅙
スライスチーズ‥‥‥‥‥‥‥‥‥‥ 適量

[作り方]
1 ボウルに合いびき肉、玉ねぎ、パン粉、卵、塩少々、こしょうを入れてよく混ぜ、2等分にして小判型にまとめる。
2 フライパンにオリーブ油を弱火で熱し、1、ズッキーニ、パプリカを並べてふたをする。途中でふたを開けて裏返しながら5～8分焼いて火を通す。ズッキーニ、パプリカは火が通ったら取り出し、塩少々をふる。
3 余分な油をキッチンペーパーで拭き取り、混ぜ合わせたAを加えて中火で煮からめる。
4 冷めたら型で抜いたスライスチーズをのせる。

ひと手間でハムをかわいくデコ

副菜 ハムの花飾り

[材料（子ども1食分）]
ロースハム‥‥‥‥‥‥‥‥‥‥‥ ½枚

[作り方]
1 半分に切ったロースハムの中央に縦に5mm幅に切り込みを入れる。

2 半分に折り、端からくるくると巻いて、おにぎりの中心にいれる。

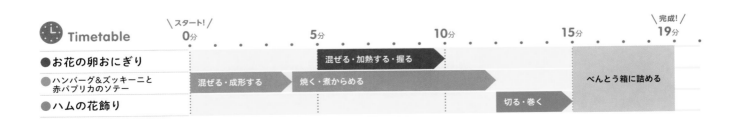

Timetable

	0分	5分	10分	15分	19分
●お花の卵おにぎり		混ぜる・加熱する・握る		べんとう箱に詰める	
●ハンバーグ＆ズッキーニと赤パプリカのソテー	混ぜる・成形する	焼く・煮からめる			
●ハムの花飾り				切る・巻く	

\スタート!/　　\完成!/

白身魚のフライべんとう

あっさりした白身魚をサクサクのフライにしてソースで味つけ。骨抜きの処理をていねいに。

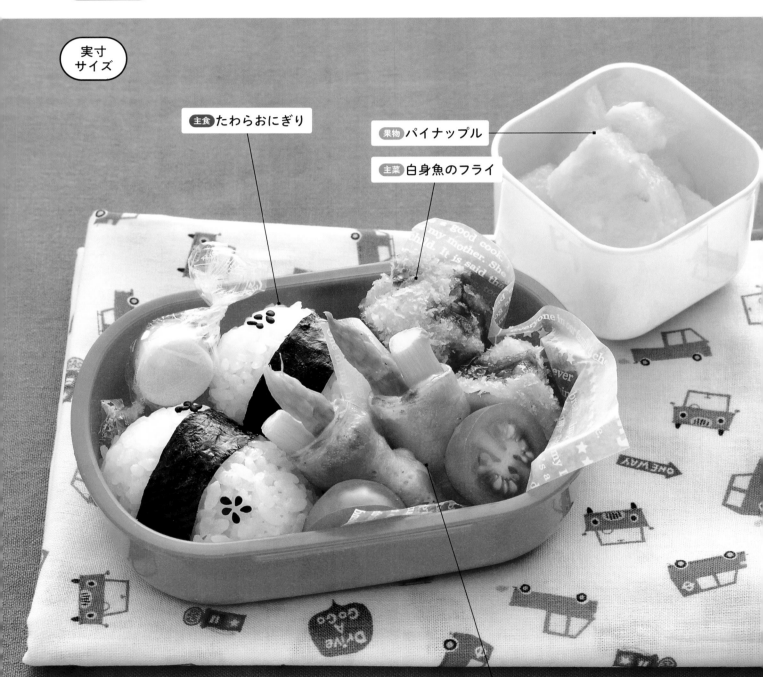

実寸サイズ

主食 たわらおにぎり

果物 パイナップル

主菜 白身魚のフライ

副菜 アスパラのベーコン巻き

42

ごまをお花の模様に飾って

【主食】 **たわらおにぎり**

[材料（子ども1食分）]
ご飯 ……………………… 子ども用茶碗1杯
焼きたらこ ……………………………… 適量
焼きのり ⚠ ……………………………… 適量
塩、黒炒りごま ………………………… 各少々

[作り方]
1 ご飯は半分に分け、それぞれ真ん中に焼きたらこを入れ、ラップを使ってたわら形に握り、塩をまぶす。
2 1に1cm幅に切った焼きのりを巻き、黒炒りごまを花の形になるように飾る。

※おにぎりの具は鮭フレーク、おかかなど子どもが好きなものでOK。

パン粉でさっくりフライに

【主菜】 **白身魚のフライ**

作りおきOK!
→P.94

[材料（子ども1食分）]
生たら ………………………………… ½切れ
塩、こしょう …………………………… 各少々
小麦粉、溶き卵、パン粉 ………… 各適量
中濃ソース …………………………… 適量
揚げ油 ………………………………… 適量

[作り方]
1 生たらは骨と皮を取り除いて2〜3等分に切る。塩、こしょうで下味をつけ、小麦粉、溶き卵、パン粉の順に衣をつける。
2 フライパンに深さ2cm程度の油を中火で熱し、1を中に火が通るまで3〜5分揚げ焼きにする。
3 おべんとう箱に入れるときにソースをかける。

先端部分を見せるとかわいい

【副菜】 **アスパラのベーコン巻き**

[材料（子ども1食分）]
グリーンアスパラガス ………………… 1½本
ベーコン ………………………………… 1枚
塩 ……………………………………… 適宜

[作り方]
1 グリーンアスパラガスは根元の皮をピーラーでむき、4等分に切ってゆでる。
2 半分に切ったベーコンで1を2本ずつ巻き、つま楊枝でとめてアルミホイル（くっつきにくいタイプ）を敷いた天板に並べる。
3 オーブントースターで3〜4分、ベーコンの脂が出て全体に焼き色がつくまで焼き、好みで塩少々をふる（余分な脂はキッチンペーパーで軽く押さえる）。
4 おべんとう箱に入れるときにつま楊枝を抜く。

彩りよくセレクト

【果物】 **パイナップル**

パイナップル適量は食べやすい大きさに切る。

⚠ はじめてさんの 安心・安全アドバイス

〈 ミニトマトはそのまま入れない 〉

窒息事故を防ぐため、ミニトマトは4等分に切ることが推奨されています。汁けが気になる場合は、湯むきをし、マリネやおかかあえにすると食べやすくなります（→P.100〜101）。

〈 キャンディーチーズはつぶす 〉

丸くてつるっとしたものはふとしたときに飲み込んでしまう可能性が。年少さんは、喉につまらせないよう、キャンディーチーズは手のひらでつぶしてからおべんとう箱に入れます。

〈 焼きのりは食べやすくちぎる 〉

おにぎりの焼きのりは食べ慣れていないと噛みちぎりにくく唾液を吸収して飲み込みにくいことも。食べやすい大きさにちぎってから貼りつけましょう。もみほぐした刻みのりを使っても。

🕐 **Timetable**

	スタート! 0分	5分	10分	15分	完成! 17分
●たわらおにぎり			握る・飾る	べんとう箱に詰める	
●白身魚のフライ		切る・下味をつける・衣をつけて揚げる			
●アスパラのベーコン巻き	切る・ゆでる・巻く・焼く				
●パイナップル			切る		

ショートパスタの
ミートソースべんとう

主食と主菜を兼ねてレンチンで作れるお手軽ミートソースパスタ。ショートパスタで食べやすく。

実寸
サイズ

副菜 ブロッコリーと
コーンのマヨあえ

果物 キウイフルーツ

主食 ショートパスタの
ミートソース

すきま 薄焼き卵の型抜き

44

短いパスタが食べやすい

主食 ショート
パスタの
ミートソース

作りおきOK!
→P.94

[材料（子ども1～2食分）]
A 合いびき肉 ・・・・・・・・・・・・・・・・・・ 50g
　玉ねぎ（みじん切り） ・・・・・・・・ 大さじ1½
　トマトの水煮（缶詰） ・・・・・・・・ ¼カップ
　トマトケチャップ ・・・・・・・・・・・ 大さじ½
　ウスターソース ・・・・・・・・・・・・ 小さじ½
　塩、こしょう ・・・・・・・・・・・・・・・・ 各少々
　オリーブ油 ・・・・・・・・・・・・・・・・ 小さじ¼
水溶き片栗粉
　・・・・・・・・・・・・ 片栗粉小さじ¼、水小さじ1
粉チーズ ・・・・・・・・・・・・・・・・・・・ 小さじ1
ショートパスタ（フジッリなど）・・・ 40～50g
オリーブ油 ・・・・・・・・・・・・・・・・・・ 小さじ⅓
[作り方]
1 深めの耐熱ボウルに**A**の材料すべてを
入れ、ふんわりとラップをして電子レン
ジで3～5分加熱する。
2 合いびき肉に火が通ったら、水溶き片栗
粉を加えて混ぜ、ふんわりとラップをし
て20～30秒加熱してとろみをつけ、粉
チーズを混ぜる。
3 ショートパスタは表示時間通りゆで、水
けをきってオリーブ油をからめる。
4 **2**のボウルに**3**を入れてあえる。

型抜きをしてかわいく

すきま 薄焼き卵の型抜き

[材料　作りやすい分量]
卵 ・・・・・・・・・・・・・・・・・・・・・・・・・・・・ 1個
塩、こしょう ・・・・・・・・・・・・・・・・・・ 各少々
サラダ油 ・・・・・・・・・・・・・・ 少々（小さじ⅙）
[作り方]
1 ボウルに卵を溶きほぐし、塩、こしょう
を加えて混ぜる。
2 卵焼き器にサラダ油を中火で熱し、**1**を
流し入れる。弱火にし、半熟状になった
ら裏返し、30秒ほど焼いて火を通す。
3 粗熱がとれたら、**2**を型で抜き、パスタ
の上にのせる。

相性バツグンの組み合わせ

副菜 ブロッコリーと
コーンのマヨあえ

[材料（子ども1食分）]
ブロッコリー ・・・・・・・・・・・・・・・・ 小2～3房
ホールコーン（缶詰） ・・・・・・・・・・ 大さじ½
マヨネーズ ・・・・・・・・・・・・・・・・ 小さじ1～2
塩 ・・・・・・・・・・・・・・・・・・・・・・・・・・・・ 少々
[作り方]
1 ブロッコリーは熱湯で2～3分ゆでる（パス
タと一緒に時間差でゆでる）。

同時に
ゆでて
時短に

2 ボウルに**1**、ホールコーンを入れ、マヨ
ネーズ、塩を加えてあえる。

フレッシュなほどよい酸味

果物 キウイフルーツ

キウイフルーツ適量は食べやすい大きさに
切る。

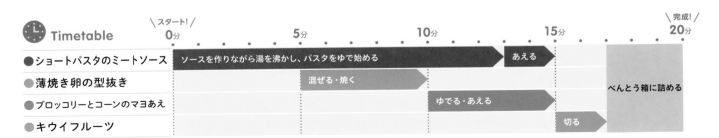

🕐 Timetable

	スタート！ 0分		5分		10分		15分		完成！ 20分

● ショートパスタのミートソース　ソースを作りながら湯を沸かし、パスタをゆで始める　あえる

● 薄焼き卵の型抜き　混ぜる・焼く

● ブロッコリーとコーンのマヨあえ　ゆでる・あえる

● キウイフルーツ　切る

べんとう箱に詰める

お花の
肉巻き野菜べんとう

ベビーコーンとさやいんげんを肉巻きにすると断面がかわいいお花みたいに。ハートの卵焼きもラブリー！

実寸サイズ

副菜 ハートの卵焼き

主食 じゃこと青菜おにぎり

主菜 お花の肉巻き野菜

栄養満点な一口おにぎり

主食 じゃこと 青菜おにぎり

[材料 (子ども1食分)]
ご飯‥‥‥‥‥‥‥‥ 子ども用茶碗1杯
小松菜‥‥‥‥‥‥‥ 葉の部分1〜2枚
ちりめんじゃこ‥‥‥‥‥‥ 大さじ1½
しょうゆ、けずり節‥‥‥‥‥ 各少々

[作り方]
1 小松菜の葉は熱湯でさっとゆで (主菜のさやいんげんも一緒にゆでる)、冷水にとってしぼり、細く刻む。
2 ご飯に1、ちりめんじゃこ、しょうゆ、けずり節を混ぜる。
3 2を4等分にし、ラップを使って丸く握る。

切った断面にお花が咲く

主菜 お花の 肉巻き野菜

作りおきOK! →P.94

[材料 (作りやすい分量※・子ども1〜2食分)]
※おべんとうには3切れを使用。

豚薄切り肉‥‥‥‥‥‥‥‥‥‥ 2枚
さやいんげん‥‥‥‥‥‥‥‥‥ 2本
ベビーコーン (水煮)‥‥‥‥‥‥ 2本
小麦粉‥‥‥‥‥‥‥‥‥‥‥‥ 少々
サラダ油‥‥‥‥‥‥‥‥‥‥ 小さじ¼
A しょうゆ、水‥‥‥‥‥‥‥ 各小さじ1
　砂糖、みりん‥‥‥‥‥‥‥ 各小さじ⅓

[作り方]
1 さやいんげんは熱湯で4〜5分ゆでて冷まし、半分に切る (おにぎりの小松菜も一緒にゆでる)。
2 豚肉を広げ、小麦粉をうすくふる。豚肉1枚にいんげん2切れ、ベビーコーン1本をのせて、手前からしっかりと巻く (さやいんげん2切れを葉っぱに見立て、その上にベビーコーンをのせるときれいな花の形になる)。表面にも小麦粉をうすくまぶす。
3 フライパンにサラダ油を弱めの中火で熱し、2の巻き終わりを下にして焼く。転がしながら全面を焼き、ふたをして弱火で火を通す。余分な油はキッチンペーパーで拭き取り、Aを加えて煮からめる。
4 冷めたら半分に切る。

切り方のひと工夫でハート形に

副菜 ハートの卵焼き

[材料 (作りやすい分量※・6切れ分)]
※おべんとうには1切れを使用。

卵‥‥‥‥‥‥‥‥‥‥‥‥‥‥ 2個
A 砂糖‥‥‥‥‥‥‥‥‥‥ 大さじ½
　塩‥‥‥‥‥‥‥‥‥‥‥‥ 少々
　しょうゆ‥‥‥‥‥‥‥‥ 小さじ½
サラダ油‥‥‥‥‥‥‥‥‥ 小さじ½

[作り方]
1 ボウルに卵を溶きほぐし、Aを加えて混ぜる。
2 卵焼き器にサラダ油を中火で熱し、1を流し入れて菜ばしで大きく混ぜ、半熟状になったら火を弱めて奥からくるくる巻く。フライ返しで形を整え、弱火で火を通す。
3 粗熱が取れたら6等分に切り、1切れを斜めに切る。断面を交互に並べなおしてハート形にする。

⚠ はじめてさんの 安心・安全アドバイス

ミニトマトは そのまま入れない

窒息事故を防ぐため、ミニトマトをそのままおべんとうに入れるのは5歳になってから。5歳未満の場合は、湯むきをし、マリネやおかかあえにすると食べやすくなります (→P.100〜101)。

🕐 Timetable

	スタート! 0分		5分		10分		15分	完成! 19分
●じゃこと青菜おにぎり			青菜をゆでる・刻む			混ぜる・握る		べんとう箱に詰める
●お花の肉巻き野菜		ゆでる・切る		巻く・焼く・煮からめる				
●ハートの卵焼き	混ぜる・焼く						切る	

ウインナーのくるくる
ホットサンドべんとう

パンでソーセージをくるっと巻いたホットサンド。卵液に浸して焼くともっちり仕上がります。

実寸
サイズ

主食 ウインナーのくるくるホットサンド

副菜 じゃがいものしそあえ

果物 フルーツポンチ（缶詰）

お手軽なホットドッグ風サンド
主食 ウインナーの くるくる ホットサンド

[材料（子ども1食分）]
サンドイッチ用食パン ………… 2枚
キャベツ …………………………… ½枚
スライスチーズ …………………… 1枚
ミニウインナーソーセージ ⚠ ……… 4本
A 卵 …………………………… 1個
　牛乳 …………………………… 大さじ1
　塩、こしょう ………………… 各少々
バター ……………………………… 5g

[作り方]
1 キャベツはせん切りにする。
2 スライスチーズ半分、**1**の半量、ミニウインナーソーセージ2本をパン1枚にのせて手前からきつめにくるくる巻き、つま楊枝でとめる。同様にもう1組作り、混ぜ合わせた**A**にさっとつける。

さっとつけて
もっちり
ふわふわに

3 フライパンにバターを弱めの中火で熱し、**2**を転がしながら焦がさないように焼き、ふたをして弱火で約2〜4分ときどき転がしながら火を通す。粗熱が取れたらつま楊枝を取り、食べやすい大きさに切る。

意外な好相性の組み合わせ
副菜 じゃがいもの しそあえ

[材料（子ども1食分）]
じゃがいも ⚠ …………………… ⅓個
赤じそふりかけ …………………… 少々
バター ……………………………… 1〜2g

[作り方]
1 じゃがいもは皮をむいて2〜3等分に切り、小鍋で水からゆでる。
2 やわらかくなったらざるにあげて水けをきり、熱いうちに鍋に戻し入れ、赤じそふりかけ、バターを加えてあえる。

すぐできるデザート
果物 フルーツポンチ （缶詰）

フルーツポンチ適量は缶汁を軽くきる。

⚠ はじめてさんの 安心・安全アドバイス

〈 **ソーセージは** 縦半分に切る 〉

弾力があるウインナーソーセージは、5歳未満の子のおべんとうには、縦半分に切ってから入れましょう。子どもの成長に合わせて、薄切りにしたり、1〜1.5cm幅に切ったりしても。

〈 **じゃがいも**はあえる 〉

水分をとられやすいいも類は、唾液を吸収して飲み込みづらいことも。食べ慣れていない場合はマヨネーズなどであえます。または、小さく切ってのどに詰まらないようにしましょう。

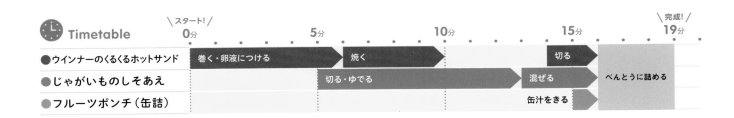

🕐 Timetable

	スタート! 0分	5分	10分	15分	完成! 19分
●ウインナーのくるくるホットサンド	巻く・卵液につける	焼く		切る	べんとうに詰める
●じゃがいものしそあえ	切る・ゆでる			混ぜる	
●フルーツポンチ（缶詰）				缶汁をきる	

さわらの
みそマヨ焼きべんとう

さわらのみそマヨ焼きにしっかりと味つけするので、パンダおにぎりはほんのり塩味だけでOK。

実寸
サイズ

副菜 ひらひら卵の花飾り

主食 パンダおにぎり

主菜 さわらのみそマヨ焼き

かわいいパンダで食欲アップ

[主食] **パンダおにぎり**

[材料（子ども1食分）]
ご飯‥‥‥‥‥‥‥‥‥‥子ども用茶碗1杯
塩‥‥‥‥‥‥‥‥‥‥‥‥‥‥‥少々
焼きのり‥‥‥‥‥‥‥‥‥‥‥‥適量

[作り方]
1 ご飯は半分にし、それぞれラップを使って楕円形に握り、塩をまぶす。
2 焼きのりはパンチ（または小さなはさみ）を使って耳、目、鼻、口を作り、**1** に貼る。

みそマヨでご飯がすすむ

[主菜] **さわらのみそマヨ焼き**

作りおきOK! →P.95

[材料（子ども1食分）]
さわら‥‥‥‥‥‥‥‥‥‥‥‥½切れ
小麦粉‥‥‥‥‥‥‥‥‥‥‥‥‥少々
さやいんげん‥‥‥‥‥‥‥‥‥‥2本
パプリカ（赤）‥‥‥‥‥‥‥‥1cm幅分
しめじ‥‥‥‥‥‥‥‥‥‥‥4〜6本
サラダ油‥‥‥‥‥‥‥‥‥‥小さじ½
A マヨネーズ‥‥‥‥‥‥‥‥小さじ1
  みそ‥‥‥‥‥‥‥‥‥‥‥小さじ⅓
  水‥‥‥‥‥‥‥‥‥‥‥‥小さじ2

[作り方]
1 さわらは骨と皮を取り除いて半分に切り、小麦粉をうすくまぶす。さやいんげんは3〜4等分、パプリカは長さと幅を半分に切り、しめじは石づきを除き、長さを半分に切りほぐす。
2 フライパンにサラダ油を中火で熱し、**1** を並べ入れてふたをし、弱火にする。途中ふたを開けて裏返し、計5〜7分（片面2〜3分ずつ）焼いて火を通す。
3 余分な油をキッチンペーパーで拭き取り、混ぜ合わせた **A** を加えて煮からめる。

黄色のお花で明るさプラス

[副菜] **ひらひら卵の花飾り**

[材料（作りやすい分量※・2個分）]
※おべんとうには1個を使用。
A 卵‥‥‥‥‥‥‥‥‥‥‥‥‥⅔個
  塩、こしょう‥‥‥‥‥‥‥‥各少々
  砂糖‥‥‥‥‥‥‥‥‥‥‥小さじ⅓
サラダ油‥‥‥‥‥‥‥‥‥‥‥‥少々

[作り方]
1 ボウルに **A** を入れて混ぜる。
2 卵焼き器にサラダ油をうすく塗って中火で熱し、**1** を流し入れて薄焼き卵を作る。
3 **2** を縦半分に切り、それぞれ中心に5mm幅の切り込みを入れて半分に折りたたみ、端からくるくる巻く。

🕐 **Timetable**

	スタート! 0分		5分		10分		15分	完成! 17分
●パンダおにぎり			握る・のりを貼る				べんとう箱に詰める	
●さわらのみそマヨ焼き	切る・焼く・煮からめる							
●ひらひら卵の花飾り					混ぜる・焼く・巻く			

コーンおにぎり&
甘みそ鶏つくねべんとう

子どもも食べやすい甘みそをからめた鶏つくね。コーンと卵で元気なカラーの黄色をプラス。

実寸
サイズ

主食 コーンおにぎり

すきま 型抜きにんじん

副菜 ほうれん草のハム卵巻き

主菜 甘みそ鶏つくね

甘いコーンと香ばしいごまが合う
主食 コーンおにぎり

[材料（子ども1食分）]
ご飯‥‥‥‥‥‥‥‥‥‥‥ 子ども用茶碗1杯
ホールコーン（缶詰）‥‥‥‥‥ 大さじ1½
塩、黒炒りごま‥‥‥‥‥‥‥‥‥ 各少々
焼きのり⚠‥‥‥‥‥‥‥‥‥‥‥‥ 適量

[作り方]
1 汁けをきったホールコーンをご飯に混ぜて半分に分ける。それぞれラップを使って三角に握り、塩、黒炒りごまをまぶす。
2 細長く切った焼きのりを1の側面に巻く。

ふんわりつくねが食べやすい
主菜 甘みそ 鶏つくね
作りおきOK! →P.95

[材料（子ども1食分）]
A 鶏ひき肉（もも）‥‥‥‥‥‥‥‥‥ 50g
　 パン粉‥‥‥‥‥‥‥‥‥‥‥‥‥ 大さじ1
　 卵‥‥ 大さじ½（残りは卵焼きにする）
　 玉ねぎ（みじん切り）‥‥‥‥‥ 大さじ½
　 塩、こしょう、おろししょうが‥ 各少々
サラダ油‥‥‥‥‥‥‥‥‥‥‥‥ 小さじ½
B みそ‥‥‥‥‥‥‥‥‥‥‥‥‥‥ 小さじ1
　 しょうゆ‥‥‥‥‥‥‥‥‥‥‥ 小さじ⅓
　 みりん、水‥‥‥‥‥‥‥‥‥ 各小さじ1
　 砂糖‥‥‥‥‥‥‥‥‥‥‥‥‥ 小さじ½

[作り方]
1 ボウルにAを入れてよく混ぜ、2～3等分の小判形にまとめる。
2 フライパンにサラダ油を弱火で熱し、1を並べてふたをし、3～4分蒸し焼きにする。ふたを開けて裏返し、さらに3～4分焼いて火を通す。
3 余分な油をキッチンペーパーで拭き取り、混ぜ合わせたBを加えて煮からめる。

ハム卵で野菜を包んで
副菜 ほうれん草の ハム卵巻き

[材料（作りやすい分量※・5切れ分）]
※おべんとうには2切れを使用。

ほうれん草‥‥‥‥‥‥‥‥‥‥‥‥ 1株
ロースハム‥‥‥‥‥‥‥‥‥‥‥‥ 1½枚
A 卵‥‥‥ ½～⅔個分（残りはつくねに使う）
　 砂糖‥‥‥‥‥‥‥‥‥‥‥‥‥ 小さじ½
　 塩‥‥‥‥‥‥‥‥‥‥‥‥‥‥‥ 少々
サラダ油‥‥‥‥‥‥‥‥‥‥‥‥‥ 少々

[作り方]
1 ボウルにAを入れて混ぜる。卵焼き器にサラダ油をうすく塗って中火で熱し、薄焼き卵を作る。
2 ほうれん草は熱湯でさっとゆでて冷水にとり、水けをしぼり薄焼き卵の幅に合わせて切る（すきまおかずのにんじんも一緒にゆでる）。
3 ラップを広げ、薄焼き卵、ロースハム、ほうれん草を順にのせ、手前からくるくる巻き、食べやすい大きさに切る。

具をのせた手前側から巻いていく

型で抜いてキュートに仕上げて
すきま 型抜きにんじん

にんじんは5mmの輪切り1枚をゆでて（副菜のほうれん草と一緒にゆでる）抜き型で抜く。

⚠ **はじめてさんの 安心・安全アドバイス**

焼きのりは 食べやすくちぎる

小さい子の場合、おにぎりの焼きのりは噛みちぎりにくいので、食べやすい大きさにちぎってからおにぎりに貼りつけて使います。もみほぐした刻みのりを使っても。

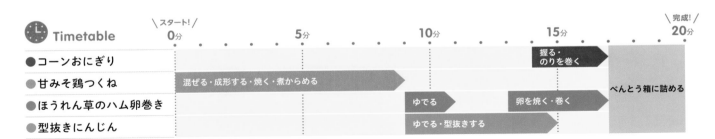

🕐 Timetable	スタート! 0分	5分	10分	15分	完成! 20分
●コーンおにぎり				握る・のりを巻く	べんとう箱に詰める
●甘みそ鶏つくね	混ぜる・成形する・焼く・煮からめる				
●ほうれん草のハム卵巻き			ゆでる	卵を焼く・巻く	
●型抜きにんじん			ゆでる・型抜きする		

チャーハンべんとう

時間がないときはチャーハンべんとうにおまかせ！ スナップえんどうで彩りを添えて。

実寸
サイズ

すきま かまぼこうさぎ

副菜 スナップえんどうのごま油あえ

主食 チャーハン

54

パラパラご飯でおいしい

主食 チャーハン

[材料(子ども1食分)]

ご飯‥‥‥‥‥‥‥‥ 子ども用茶碗1杯
焼き豚(厚さ5mm・市販)‥‥‥‥ 1枚
ごま油‥‥‥‥‥‥‥‥‥‥ 小さじ1
ミックスベジタブル(冷凍)‥‥ 大さじ1½
卵‥‥‥‥‥‥‥‥‥‥‥‥‥ ⅓個分
A 塩、こしょう‥‥‥‥‥‥ 各少々
 しょうゆ‥‥‥‥‥‥‥ 小さじ¼
 鶏がらスープの素(顆粒)‥(好みで)少々

[作り方]

1 焼き豚は8mm角に切る。
2 フライパンにごま油を中火で熱し、1、ミックスベジタブルを炒める。ご飯を加えて軽く炒め、溶きほぐした卵をご飯にかけるように加えて手早く炒める。
3 Aを加えて味を調える。

甘みのある野菜をごま油で香ばしく

副菜 スナップえんどうのごま油あえ

[材料(子ども1食分)]

スナップえんどう‥‥‥‥‥ 2〜3本
A ごま油‥‥‥‥‥‥‥‥ 小さじ¼
 オイスターソース‥(あれば)小さじ¼
 塩‥‥‥‥‥‥‥‥‥‥‥ 少々

[作り方]

1 スナップえんどうは筋を除いて熱湯でさっとゆで、斜め半分〜3等分に切る。
2 1を、ボウルに入れ、Aを加えてあえる。

かんたん飾り切りデコでかわいい

すきま かまぼこうさぎ⚠

1 かまぼこ(厚さ8mm)1切れはピンク色と白色の境目部分の⅔まで切り込みを入れる。

2 切った部分をくるんと中に巻き込む。

3 断面に小さく切った焼きのりで目をつける。

⚠ **はじめてさんの 安心・安全アドバイス**

〈 **かまぼこは薄く切る** 〉

弾力があって小さい子には噛み切りにくいので、5歳未満のおべんとうの場合、厚さ5mmに切ってからさらに小さく切りましょう。

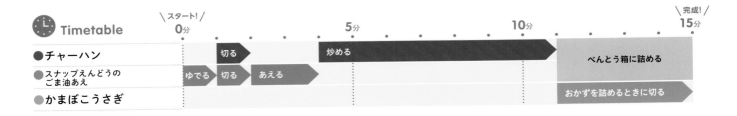

🕐 Timetable

	スタート! 0分		5分	10分	完成! 15分
●チャーハン		切る	炒める		べんとう箱に詰める
●スナップえんどうのごま油あえ	ゆでる	切る あえる			
●かまぼこうさぎ					おかずを詰めるときに切る

ミートボールべんとう

すぐ食べられる一口サイズのおかずばかり。ミートボールは冷めるとタレがなじんでさらにおいしく。

実寸サイズ

副菜 大学いも

すきま ゆでアスパラ

主食 かっぱ巻き

主菜 ミートボール

シャキッとした食感が楽しい

主食 かっぱ巻き

[材料（子ども1食分）]

ご飯 ………………………… 子ども用茶碗1杯
すし酢（市販）………………………… 小さじ1
焼きのり ………………………………… ⅓枚
きゅうり ……………………… ¼本（縦4等分）

[作り方]

1 すし酢を混ぜたご飯を半分に分け、細巻き用型（→P.33）に半量入れ、中心にきゅうりをのせる。残りのご飯をのせて、細巻き用型をぎゅっと合わせて形作る。

2 1をラップの上に取り出し、ちぎった焼きのりをまぶし、6等分に切る。

※焼きのりを噛みちぎれる子の場合は、焼きのり½枚で巻いてもOK。

甘酢で子ども受け◎

主菜 ミートボール 作りおきOK! →P.96

[材料（子ども1食分3〜4個）]

A 豚ひき肉 ……………………………… 50g
　パン粉 ……………………………… 大さじ1弱
　片栗粉 ……………………………… 小さじ½
　しょうゆ、酒 …………………… 各小さじ¼
　ごま油 ………………………………… 少々
B トマトケチャップ ………………… 大さじ½
　しょうゆ …………………………… 小さじ1
　酢 …………………………………… 小さじ1
　砂糖 ………………………………… 大さじ½
　鶏がらスープの素（顆粒）………… 少々
　片栗粉 ……………………………… 小さじ⅓
　水 …………………………………… 大さじ2
揚げ油 ………………………………… 適量

[作り方]

1 ボウルにAを入れてよく混ぜ合わせ、一口大に丸める。

2 170℃に熱した揚げ油で1を3〜4分揚げて火を通す（熱湯で約4分ゆでるか、少量の油で転がしながら揚げ焼きにしてもよい）。

3 小鍋に混ぜ合わせたBを入れて中火で混ぜながら温め、2を加えて煮からめる。

人気メニューもフライパンで作れる

副菜 大学いも

[材料（子ども1食分）]

さつまいも …………………………… 約⅛本
揚げ油 ………………………………… 適量
A 砂糖、水 ………………………… 各小さじ1
　しょうゆ …………………………… 小さじ⅓

[作り方]

1 さつまいもは細めの乱切りにしてさっと水にさらし、キッチンペーパーでよく水けを拭く。

2 170℃の揚げ油で1を4〜5分揚げて火を通す（少量の油で揚げ焼きにしてもよい。あるいは、ミートボールと同時に揚げてもOK）。

3 フライパンにAを入れて揺すりながら中火で熱し、砂糖が溶けたら2を加えてさっと煮からめる。オーブンシートなどに広げて冷ます。

彩りを添える

すきま ゆでアスパラ

グリーンアスパラガス2本は、根元の皮をピーラーでむき、長さを半分に切ってからゆでる。

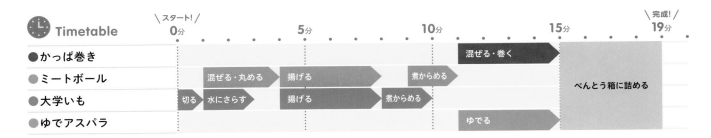

Timetable

スタート！ 0分 　 5分 　 10分 　 15分 完成！ 19分

●かっぱ巻き — 混ぜる・巻く

●ミートボール — 混ぜる・丸める／揚げる／煮からめる

●大学いも — 切る／水にさらす／揚げる／煮からめる

●ゆでアスパラ — ゆでる

べんとう箱に詰める

チーズ蒸しパンべんとう

ホットケーキミックスで作る、かんたん蒸しパンがメイン。うっかりお米をきらした日にも便利です。

実寸
サイズ

主菜 ウインナーのケチャップ炒め

副菜 ポテトサラダ

主食 チーズ蒸しパン

ふんわり甘い香りが広がる

主食 チーズ蒸しパン

[材料（作りやすい分量®・5個分）] ※1個を使用。

クリームチーズ	70g
粉チーズ	大さじ1
砂糖	50g
卵	1個
牛乳	50㎖
サラダ油	小さじ1
ホットケーキミックス	150g

[作り方]

1 クリームチーズは常温に戻し、ボウルに入れて泡立て器でよく混ぜる。粉チーズ、砂糖、卵、牛乳、サラダ油を順に加え、そのつどしっかり混ぜる。

2 1にホットケーキミックスを加えて泡立て器でさっくり混ぜる（混ぜすぎないように注意）。

3 2をアルミカップまたは紙カップをしいたプリン型などに八分目まで入れる。

4 蒸気が上がった蒸し器で、中火～強火で20分蒸す（またはオーブンの蒸し機能で説明書に従って蒸す）。竹ぐしで刺してみて生っぽい生地がつかなければできあがり。やけどをしないように注意をしながら取り出して金網にのせ、うちわであおいで表面につやを出す。

切り込みを入れると味がなじむ

主菜 ウインナーのケチャップ炒め

[材料（子ども1食分）]

ミニウインナーソーセージ⚠	3本
オリーブ油	小さじ¼
トマトケチャップ	小さじ1

[作り方]

1 ミニウインナーソーセージは表面に格子状に細かく切り目を入れる。

2 フライパンにオリーブ油を中火で熱して1を炒め、トマトケチャップを加えてからめる。

少量でもおいしく作れる

副菜 ポテトサラダ

[材料（子ども1食分）]

じゃがいも	⅓個
きゅうり	1.5㎝分
ホールコーン（缶詰）	大さじ1
マヨネーズ	大さじ1
塩	適量

[作り方]

1 じゃがいもは皮をむいて2㎝角に切り、さっと水にさらしてラップでふんわりと包み、電子レンジで2～3分やわらかくなるまで加熱する。

2 きゅうりは薄切りにして塩少々をふってもみ、キッチンペーパーで水けを拭く。

3 2をラップの上からふきんで押さえて軽くつぶす。ボウルに入れ、1、ホールコーン、マヨネーズを加えて混ぜ、塩で味を調える。

⚠ はじめてさんの 安心・安全アドバイス

ミニトマトは そのまま入れない

窒息事故を防ぐため、ミニトマトをそのままおべんとうに入れるのは5歳になってから。5歳未満の場合は、湯むきをし、マリネやおかかあえにすると食べやすくなります（→P.100～101）。

ソーセージは 縦半分に切る

弾力があるウインナーソーセージは、5歳未満の子のおべんとうには、縦半分に切ってから入れましょう。子どもの成長に合わせて、薄切りにしたり、1～1.5㎝幅に切ったりしても。

🕐 Timetable

	0分	5分	10分	20分	25分
●チーズ蒸しパン	生地を混ぜる・カップに入れる	蒸す			
●ウインナーのケチャップ炒め		切る	炒める		べんとう箱に詰める
●ポテトサラダ		切る 電子レンジで加熱する	混ぜる		

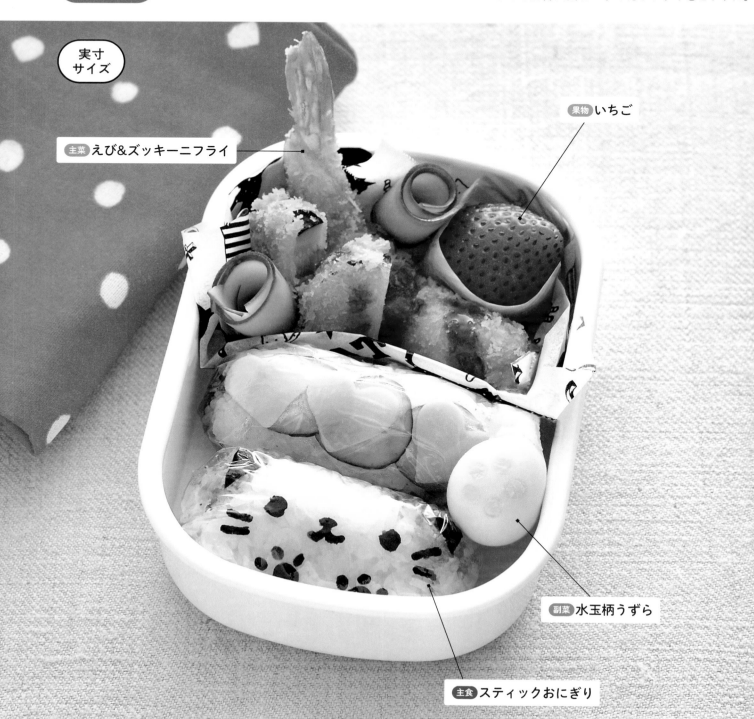

スティックおにぎり&
えびフライべんとう

Week 4
月 曜日

ネコの顔の焼きのりやハートのハムで飾ったスティックおにぎりと定番人気おかずのえびフライをセットに。

実寸
サイズ

主菜 えび&ズッキーニフライ

果物 いちご

副菜 水玉柄うずら

主食 スティックおにぎり

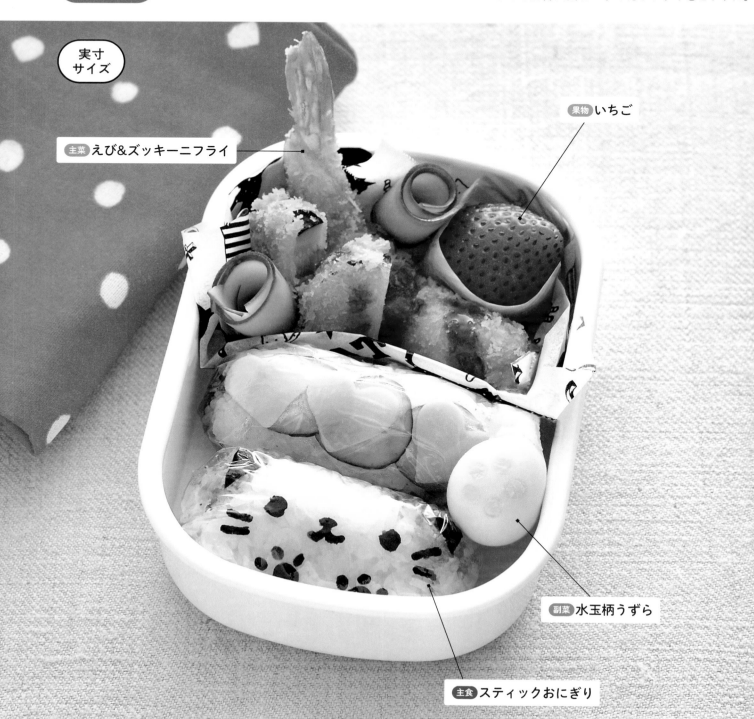

かわいいデコで自慢できちゃう
主食 スティックおにぎり

[材料（子ども1食分）]
ご飯 ･･･････････････ 子ども用茶碗1杯
塩 ･･････････････････････････････ 少々
好みのふりかけ ･･･････････････････ 適量
焼きのり ･･･････････････････････････ 適量
きゅうり ･･･････････････････ 輪切り3枚
ロースハム ･･･････････････････････ 適量

[作り方]
1 ご飯は半分に分け、それぞれラップを使って筒型に握り、塩をまぶす。
2 1本は、ネコの耳になる部分2か所にふりかけをふり、パンチ（または小さなはさみ）を使って焼きのりで目、鼻、耳、ヒゲ、肉球を作り、貼りつける。
3 もう1本は、下半分にふりかけをふり、きゅうり、ハート型で抜いたハムをのせる。
4 2と3をそれぞれラップで包む。

大きなフライで食べ応えバツグン
主菜 えび＆ズッキーニフライ

作りおきOK！
→P.97

[材料（子ども1食分）] ※おべんとうには1本分使用
えび（ブラックタイガー、大正えびなど）⚠
･･････････････････････････ 大1〜2尾
塩 ･･････････････････････････････ 適量
ズッキーニ ･････････････ 1cmの輪切り1枚
A 塩、こしょう、小麦粉、溶き卵、パン粉
｜ ･･･････････････････････････ 各適量
揚げ油 ･･･････････････････････････ 適量
中濃ソース ･･･････････････････････ 適量

[作り方]
1 えびは殻をむき、尾の先端を切り落とし、竹串で背ワタをとる。塩をふってもみ、さっと洗ってキッチンペーパーで水けを拭く。内側に包丁で浅く3〜4本切り込みを入れ、まっすぐにする。
2 えび、ズッキーニはそれぞれ、Aを順番にまぶす。
3 170℃に熱した揚げ油で2を3〜4分間火が通るまで揚げる。食べやすい大きさに切り、べんとう箱に詰め、ソースをかける。

キュートなうずらがうれしい
副菜 水玉柄うずら

[材料（子ども1食分）]
うずらの卵（水煮）⚠ ･･････････････ 1個
塩 ･･････････････････････････････ 少々

[作り方]
うずらの卵は細めのストローを回しながら刺して数か所に穴をあけ、塩をふる。

深く入れすぎないよう慎重に

赤色がアクセントに
果物 いちご

いちご1個はヘタを取る。

※子どもの成長に合わせて食べやすい大きさに切り、別の容器に詰めても。

⚠ はじめてさんの 安心・安全アドバイス

< **うずらの卵は小さく切る** >
丸くてつるっとしているうずらの卵は、吸い込んで気道をふさぐおそれが。子どもの成長に合わせて半分〜4等分のサイズに切り、マヨネーズなどであえます。

< **えびは厚みを半分に切る** >
弾力があって噛み切りにくいので、5歳未満の場合は薄く切ります。えびフライにする場合は、尾を取り、揚げてから斜めに薄く切ってもいいでしょう。

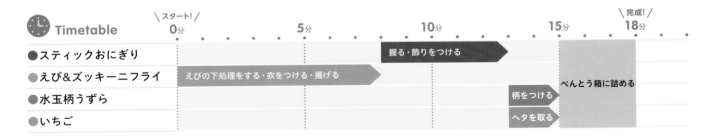

🕐 Timetable

	＼スタート！／ 0分		5分		10分		15分	＼完成！／ 18分
● スティックおにぎり					握る・飾りをつける →			
● えび＆ズッキーニフライ	えびの下処理をする・衣をつける・揚げる →						べんとう箱に詰める	
● 水玉柄うずら						柄をつける		
● いちご						ヘタを取る		

かじきのオイスターソース焼きべんとう

スティック状に切ったかじきなら骨がないので食べやすくて詰めやすい！ 2色のおにぎりも目をひきます。

実寸
サイズ

すきま ゆでオクラ

主菜 かじきのオイスターソース焼き

副菜 桜えび入り卵焼き

主食 2色の三角おにぎり

2色の大満足ボリュームおにぎり
主食 **2色の三角おにぎり**

[材料（子ども1食分）]
ご飯‥‥‥‥‥‥‥‥‥‥‥ 子ども用茶碗1杯
昆布の佃煮‥‥‥‥‥‥‥‥‥‥‥‥ 小さじ1
鮭フレーク（市販）‥‥‥‥‥‥‥‥‥ 小さじ1
塩‥‥‥‥‥‥‥‥‥‥‥‥‥‥‥‥‥‥ 少々
焼きのり⚠‥‥‥‥‥‥‥‥‥‥‥‥‥‥ 適量

[作り方]
1 ご飯は半分に分け、それぞれラップを使って三角に握る。1つは昆布の佃煮、もう1つには鮭フレークを中央に軽く押しこみ、塩をまぶす。
2 細長く切った焼きのりを1の側面に巻く。

骨なしのかじきで安心
主菜 **かじきの
オイスター
ソース焼き**

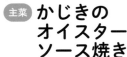
作りおきOK!
→P.97

[材料（子ども1食分）]
かじきまぐろ‥‥‥‥‥‥‥‥‥‥‥ ½切れ
小麦粉‥‥‥‥‥‥‥‥‥‥‥‥‥‥‥‥ 適量
にんじん‥‥‥‥‥‥‥‥‥‥‥‥‥‥‥ 10g
ごま油‥‥‥‥‥‥‥‥‥‥‥‥‥‥‥ 小さじ½
A オイスターソース、水‥‥‥‥ 各小さじ⅔
　 おろししょうが‥‥‥‥‥‥‥‥‥‥‥ 少々
白炒りごま‥‥‥‥‥‥‥‥‥‥‥‥‥‥ 少々

[作り方]
1 かじきまぐろは2～3等分のスティック状に切り、小麦粉をうすくふる。にんじんはピーラーで薄くリボン状にむく。
2 フライパンにごま油を弱火で熱し、1を並べ入れてふたをし、2～3分蒸し焼きにする。ふたを開けて裏返し、さらに2～3分焼いて火を通す。
3 余分な油をキッチンペーパーで拭き取り、混ぜ合わせた**A**を加えて煮からめ、白炒りごまをふる。

桜えびで風味と彩りがアップ
副菜 **桜えび入り卵焼き**

[材料（作りやすい分量※・子ども6食分）]
※おべんとうには1切れを使用。

卵‥‥‥‥‥‥‥‥‥‥‥‥‥‥‥‥‥‥ 2個
A 桜えび‥‥‥‥‥‥‥‥‥‥‥‥‥‥‥ 4g
　 砂糖‥‥‥‥‥‥‥‥‥‥‥‥‥‥‥ 小さじ1
　 塩‥‥‥‥‥‥‥‥‥‥‥‥‥‥‥‥‥ 少々
　 しょうゆ‥‥‥‥‥‥‥‥‥‥‥‥‥ 小さじ⅓
サラダ油‥‥‥‥‥‥‥‥‥‥‥‥‥‥ 小さじ⅓

[作り方]
1 ボウルに卵を溶きほぐし、**A**を加えて混ぜる。
2 卵焼き器にサラダ油を中火で熱し、1を流し入れて菜ばしで大きく混ぜる。半熟状になったら火を弱めて奥から手前にくるくる巻く。フライ返しで形を整え、弱火で火を通す。
3 粗熱が取れたら6等分に切り、さらに斜め半分に切る。

元気になるカラーがうれしい
すきま **ゆでオクラ**

オクラ1本はゆでて斜めに切る。

⚠ はじめてさんの 安心・安全アドバイス

焼きのりは
ちぎって貼りつける

焼きのりは小さい子には噛みちぎりにくいこともあるので、食べやすい大きさにちぎってから貼りつけるといいでしょう。もみほぐした刻みのりを使っても。

さくらんぼは
切って、タネを取る

食べ慣れていないと上手にタネを出すことが難しいので、5歳未満の場合、半分に切ってタネを取り、さらに半分に切ってからおべんとうに入れます。

🕐 **Timetable**

	0分 スタート!	5分	10分	15分	18分 完成!
●2色の三角おにぎり				握る・のりを巻く	
●かじきのオイスターソース焼き		切る・焼く・煮からめる			べんとう箱に詰める
●桜えび入り卵焼き	混ぜる・焼く・切る				
●ゆでオクラ		ゆでる・切る			

ちくわのいそべ揚げ＆
ボールおにぎりべんとう

香ばしいちくわのいそべ揚げで食欲増進！ 焼きのりとかに風味かまぼこでおにぎりをボールに見立ててデコ。

実寸
サイズ

副菜 マカロニサラダ

主菜 ちくわのいそべ揚げ

すきま ゆでブロッコリー

主食 サッカーボール＆野球ボールおにぎり

スポーツ好きの子のママ必見！

主食 サッカーボール＆
野球ボールおにぎり

[材料（子ども1食分）]
ご飯‥‥‥‥‥‥‥‥‥‥ 子ども用茶碗1杯
塩‥‥‥‥‥‥‥‥‥‥‥‥‥‥‥‥ 少々
焼きのり⚠️、かに風味かまぼこ（赤い部分）
‥‥‥‥‥‥‥‥‥‥‥‥‥‥‥ 各適量

[作り方]
1 ご飯は半分に分け、それぞれラップを使って丸く握り、塩をまぶす。
2 1つは市販のサッカーボールおにぎり専用焼きのりか、小さな6角形に切った焼きのり数枚を貼りつける。もう1つにはかに風味かまぼこの赤い部分をはがし、ボールの縫い目に見立てて貼りつける。

のりの香りが食欲をそそる

主菜 ちくわの
いそべ揚げ

作りおきOK!
→P.98

[材料（子ども1食分）]
ちくわ⚠️‥‥‥‥‥‥‥‥‥‥‥ ⅔本
焼きのり⚠️‥‥‥‥‥‥‥‥‥‥‥ 適量
A 小麦粉‥‥‥‥‥‥‥‥‥‥ 大さじ1½
　溶き卵‥‥‥‥‥‥‥‥‥‥‥ 小さじ1
　水‥‥‥‥‥‥‥‥‥‥‥ 約大さじ1
揚げ油‥‥‥‥‥‥‥‥‥‥‥‥‥ 適量
麺つゆ（2倍濃縮）‥‥‥‥‥‥‥ 小さじ1

[作り方]
1 ちくわは長さを半分に切る。焼きのりは1cm幅に切ってちくわに巻きつけ、水をつけてとめる。
2 Aを軽く混ぜ（ホットケーキの生地くらいのかたさになるよう水の量は調節する）、1をさっとくぐらせ、170℃の揚げ油で2～3分、衣がさくっとするまで揚げる。おべんとう箱に入れる前に麺つゆをかける。

きゅうりで食感アップ

副菜 マカロニサラダ

[材料（子ども1食分）]
マカロニ‥‥‥‥‥‥‥‥‥‥‥‥‥ 8g
きゅうり‥‥‥‥‥‥‥‥‥‥‥ 5mm分
ロースハム‥‥‥‥‥‥‥‥‥‥‥ ¼枚
マヨネーズ‥‥‥‥‥‥‥‥‥ 小さじ1
塩‥‥‥‥‥‥‥‥‥‥‥‥‥‥‥ 適量
こしょう‥‥‥‥‥‥‥‥‥‥‥‥ 少々

[作り方]
1 マカロニは表示時間通りゆで、ざるにあげる。水にとって冷やし、水けをよくきる。
2 きゅうりは薄い輪切りにし、塩をふって水けをキッチンペーパーで押さえる。ロースハムは細切りにする。
3 ボウルに1、2を入れ、マヨネーズ、塩少々、こしょうを加えてあえる。

ビタミンカラーをプラス

すきま ゆでブロッコリー

ブロッコリー小2房はゆでる。

⚠️ はじめてさんの 安心・安全アドバイス

⟨ 焼きのりは
ちぎる ⟩

小さい子の場合、おにぎりの焼きのりは噛みちぎりにくいので、食べやすい大きさにちぎってからおにぎりに貼りつけます。ちくわのいそべ揚げには、もみほぐした刻みのりをまぶしても。

⟨ ちくわは
薄く切る ⟩

弾力があり噛み切りにくいちくわは、食べ慣れていない場合は、小さく切ってから使うこと。いそべ揚げにするときは、揚げてから厚さ1cmに切ってもよいでしょう。

⟨ ミニトマトは
そのまま入れない ⟩

窒息事故を防ぐため、ミニトマトをそのままおべんとうに入れるのは5歳になってから。5歳未満の場合は、湯むきをし、マリネやおかかあえにすると食べやすくなります（→P.100～101）。

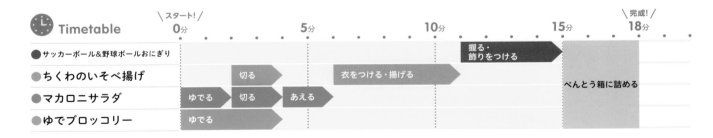

🕐 Timetable

	スタート! 0分		5分		10分		15分	完成! 18分
● サッカーボール＆野球ボールおにぎり						握る・飾りをつける		
● ちくわのいそべ揚げ		切る		衣をつける・揚げる				べんとう箱に詰める
● マカロニサラダ	ゆでる	切る	あえる					
● ゆでブロッコリー	ゆでる							

コーンシュウマイべんとう

電子レンジで作れるかんたんシュウマイがメイン。元気の出るイエローカラーのおかずを組み合わせて。

実寸
サイズ

果物 パイナップル

すきま ゆでブロッコリー

副菜 かぼちゃとハムのサラダ

主食 ジャム&チーズロールパン

主菜 コーンシュウマイ

いちごとクリームチーズで甘酸っぱい

**主食 ジャム＆
チーズロールパン**

[材料 (子ども1食分)]
ロールパン ･････････････････････ 1個
クリームチーズ ･･･････････ 大さじ½
いちごジャム ･････････････ 小さじ1
[作り方]
1 ロールパンは厚みに切り込みを入れる。
2 クリームチーズといちごジャムを**1**の切り込みの間に塗る。

電子レンジで蒸せばラクラク

**主菜 コーン
シュウマイ**

作りおきOK!
→P.98

[材料 (作りやすい分量※・4個分)]
※おべんとうには2個を使用。

A 豚ひき肉 ･･･････････････････ 50g
　玉ねぎ (みじん切り) ･･････ 大さじ1
　塩、こしょう、おろししょうが･･ 各少々
　ごま油 ･･････････････････････ 少々
　しょうゆ ･･･････････････ 小さじ⅔
シュウマイの皮 ･････････････････ 4枚
片栗粉 ････････････････････････ 少々
ホールコーン (缶詰) ･･･････ 大さじ½
[作り方]
1 ボウルに**A**を入れてよく混ぜ、一口大に丸める。
2 **1**をシュウマイの皮で包み、上面に片栗粉をふり、ホールコーンを埋める。
3 耐熱皿にオーブンシートを敷き、**2**をくっつかないように並べ、ふんわりとラップをし、電子レンジで1分30秒〜2分加熱する。竹串を刺し、透明な汁が出てくれば蒸し上がり。

おべんとうに元気な彩りを

**副菜 かぼちゃと
ハムのサラダ**

[材料 (子ども1食分)]
かぼちゃ ･･･････････････ 4cm角1切れ
ミックスベジタブル (冷凍) ･････ 小さじ1
ロースハム ･････････････････････ ⅙枚
マヨネーズ ･･･････････････ 小さじ½
塩、こしょう ･･･････････････ 各少々
[作り方]
1 かぼちゃはやわらかくなるまで水から5〜7分ゆでる (ゆであがる2〜3分前にすきまおかずのブロッコリーも入れて一緒にゆでる)。ゆであがる直前にミックスベジタブルを加えて火を通し、ざるに上げ、水けをきる。
2 ロースハムは1cm四方に切る。
3 **1**のかぼちゃの皮を半分くらい除いてつぶす。ミックスベジタブル、**2**、マヨネーズ、塩、こしょうを加えてあえる。

彩りと栄養価をアップ！

すきま ゆでブロッコリー

ブロッコリー小2房はゆでる (副菜のかぼちゃと一緒にゆでる)。

元気カラーを添えて

果物 パイナップル

パイナップル適量は皮をむいて食べやすい大きさに切る。

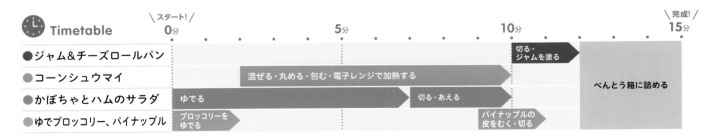

🕐 Timetable	＼スタート!／ 0分		5分		10分		＼完成!／ 15分
●ジャム＆チーズロールパン					切る・ジャムを塗る		べんとう箱に詰める
●コーンシュウマイ		混ぜる・丸める・包む・電子レンジで加熱する					
●かぼちゃとハムのサラダ	ゆでる			切る・あえる			
●ゆでブロッコリー、パイナップル	ブロッコリーをゆでる				パイナップルの皮をむく・切る		

オムライスべんとう

薄焼き卵にいちご形の窓をあけてご飯にかけたケチャップを見せると、いちごがのっているみたいでラブリー。

実寸
サイズ

果物 いちご

副菜 にんじんのオリーブ油あえ

主菜 キャベツのハムチーズ巻き

主食 オムライス

子どもが大好きなメニューの定番

主食 オムライス

[材料（子ども1食分）]

ご飯 ……………………… 子ども用茶碗1杯
ベーコン ……………………………… ½枚
玉ねぎ（みじん切り） ………………… 大さじ1
オリーブ油 …………………………… 小さじ⅔
A トマトケチャップ ………………… 大さじ1
｜ ウスターソース ………………… 小さじ⅓
B 卵 ………………………… ½〜⅔個分
｜ 牛乳 ………………………… 小さじ½
塩、こしょう ………………………… 各少々
トマトケチャップ、さやいんげん
……………………………………… 各適量

[作り方]

1 ベーコンは8㎜角に切る。
2 フライパンにオリーブ油小さじ⅓を中火で熱し、1、玉ねぎを炒め、Aを加えて軽く炒める。ご飯を加えて炒め、塩、こしょうで味を調え取り出す。
3 ボウルにBを混ぜ合わせる。フライパンをキッチンペーパーで一度きれいにして（別のフライパンを使ってもよい）オリーブ油小さじ⅓を中火で熱し、薄焼き卵を作る。
4 3の薄焼き卵に小さな逆三角形の穴を2つ開ける（型で抜くか、または、はさみで切ってもよい）。
5 2をおべんとう箱に詰め、ラップを使って形を整える。ラップをはずし、4をかぶせる。薄焼き卵を少し持ち上げ、穴を開けた場所のご飯に、トマトケチャップを塗る。再び薄焼き卵をかぶせ、さやいんげんをゆでて星型で抜き、いちごのヘタに見立てて飾る。

ラップを使っておべんとう箱の形に成形して

くるくる巻いて見た目もかわいく

主菜 キャベツの ハムチーズ巻き

[材料（作りやすい分量＊・4〜5切れ分）]
※おべんとうには2切れを使用。

キャベツ ……………………………… 1枚
けずり節 ……………………………… 少々
スライスチーズ ……………………… 1枚
ロースハム …………………………… 1枚

[作り方]

1 キャベツはラップで包んで電子レンジで30秒〜1分加熱する。水にさらして冷まし、キッチンペーパーで水けをしっかり拭く。
2 ラップを広げ、キャベツ、けずり節、スライスチーズ、ロースハムの順に重ね、手前からくるくると巻く。食べやすく4〜5等分に切る。

レンジで手早く一品完成

副菜 にんじんの オリーブ油あえ

[材料（子ども1食分）]

にんじん …………………………… 15g
オリーブ油 ………………………… 小さじ¼
塩 …………………………………… 少々
白炒りごま ………………………… 適量

[作り方]

1 にんじんはせん切りにし、耐熱容器に入れてふんわりラップをする。
2 電子レンジで5〜10秒加熱し、オリーブ油、塩であえる。
3 白炒りごまをふる。

フルーツも忘れずに

果物 いちご

いちご3個はヘタを取る。

※子どもの成長に合わせて食べやすい大きさに切ってもよい。

🕐 Timetable

	スタート! 0分		5分		10分		15分	完成! 18分
●オムライス		切る		炒める・卵を焼く				飾りをつけながらべんとう箱に詰める
●キャベツのハムチーズ巻き	電子レンジで加熱する・巻く							
●にんじんのオリーブ油あえ		切る	電子レンジで加熱する・あえる					
●いちご						ヘタを取る		

豚こま巻き とんかつべんとう

彩り豊かな枝豆ご飯と、サクッとした食感が楽しい豚こま巻きとんかつ。食がすすむこと間違いなし！

実寸
サイズ

副菜 チンゲン菜と桜えびの中華あえ

主菜 豚こま巻きとんかつ

すきま うずらの卵（水煮）

主食 枝豆ご飯

子どもが大好きな豆ご飯

主食 枝豆ご飯

[材料 (子ども1食分)]
ご飯‥‥‥‥‥‥‥‥‥‥ 子ども用茶碗1杯
枝豆 (冷凍) ⚠ ‥‥‥‥‥‥‥‥‥ 4〜5さや

[作り方]
枝豆はさやごと流水で解凍する。さやからはずした枝豆の半量をご飯に混ぜておべんとう箱に詰め、上に残りの枝豆をちらす。

あと一品にうれしい

すきま うずらの卵 (水煮) ⚠

うずらの卵1個に塩少々をまぶす。

桜えびが香ばしい

副菜 チンゲン菜と桜えびの中華あえ

[材料 (子ども1食分)]
チンゲン菜 ‥‥‥‥‥‥‥‥‥ 1〜1½枚
ミニトマト ‥‥‥‥‥‥‥‥‥‥‥‥ 2個
桜えび ‥‥‥‥‥‥‥‥‥‥‥ ひとつまみ
A ごま油、オイスターソース、白すりごま
  ‥‥‥‥‥‥‥‥‥‥‥‥‥ 各小さじ¼

[作り方]
1 チンゲン菜は熱湯でさっとゆで、冷水にとって水けを絞り、2㎝幅に切る。ミニトマトは子どもの成長に合わせて半分〜¼に切る。
2 1、桜えびをAであえる。

ミルフィーユで噛みやすい

主菜 豚こま巻きとんかつ

[材料 (子ども1食分)]
豚こま切れ肉 ‥‥‥‥‥‥‥‥‥‥ 50g
塩、こしょう ‥‥‥‥‥‥‥‥‥‥ 各適量
A 小麦粉、溶き卵、パン粉
  ‥‥‥‥‥‥‥‥‥‥‥‥‥‥ 各適量
中濃ソース ‥‥‥‥‥‥‥‥‥‥‥ 適量
揚げ油 ‥‥‥‥‥‥‥‥‥‥‥‥‥ 適量

[作り方]
1 豚こま切れ肉は半量に分ける。それぞれをくるくると巻きながら平たく形を整え、塩、こしょうで下味をつける。

2 1に、Aを順にまぶして衣をつける。
3 170℃の揚げ油で5〜6分、火が通るまで揚げる。粗熱が取れたら斜め半分に切り、おべんとう箱に詰め、ソースをかける。

⚠ はじめてさんの **安心・安全アドバイス**

〈 枝豆は
細かく刻む 〉

丸くてつるっとしている枝豆は、ふとした拍子に飲み込んでのどに詰まらせてしまうおそれがあります。年少さんのおべんとうに入れる場合は、細かく切って、ご飯に混ぜるとよいでしょう。

〈 うずらの卵は
小さく切る 〉

丸くてつるっとしているうずらの卵は、食べ慣れていない場合は、のどに詰まらせないように、成長に合わせて半分〜4等分のサイズに切り、マヨネーズなどであえます。

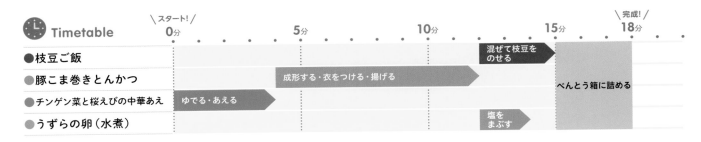

🕐 Timetable

	スタート! 0分	5分	10分	15分	完成! 18分
●枝豆ご飯				混ぜて枝豆をのせる	べんとう箱に詰める
●豚こま巻きとんかつ		成形する・衣をつける・揚げる			
●チンゲン菜と桜えびの中華あえ	ゆでる・あえる				
●うずらの卵 (水煮)				塩をまぶす	

かじきのカレーピカタべんとう

Week 5
火曜日

やわらかくて食べやすいかじきのカレーピカタ。
どうぶつの顔のおにぎりでユニークに！

主菜 かじきの
カレーピカタ

小3房を
ゆでて
塩をふる

すきま ゆでブロッコリー

副菜 ひじきの煮もの

1本を食べやすい
大きさに切る

すきま かに風味かまぼこ

主食 どうぶつ
おにぎり

⚠ 枝豆
食べ慣れていない場合は、
細かく刻むか抜いてもOK。

四角い顔＆丸い鼻でゆるかわいい
主食 どうぶつおにぎり

[材料（子ども1食分）]
ご飯‥‥‥‥‥‥‥‥‥‥‥‥‥ 子ども用茶碗1杯
塩‥‥‥‥‥‥‥‥‥‥‥‥‥‥‥‥‥‥‥‥ 少々
魚肉ソーセージ ‥‥‥‥‥‥‥‥‥ 3mm厚さ2枚
焼きのり‥‥‥‥‥‥‥‥‥‥‥‥‥‥‥‥ 適量

[作り方]
1 ご飯は半分に分け、それぞれラップを使って四角く握り、塩をまぶす。
2 魚肉ソーセージはストローで2か所穴を抜く。
3 焼きのりはパンチ（または小さなはさみ）を使って目を4枚、口を2枚、耳を4枚作る。1に2と焼きのりを貼りつけて顔にする。

かんたん調理でカレー風味に
主菜 かじきのカレーピカタ

[材料（子ども1食分）]

かじきまぐろ ‥‥‥‥ ½切れ	A 溶き卵 ‥‥‥‥ ½個分
塩、こしょう、	カレー粉 ‥‥‥‥ 少々
小麦粉‥各適量	粉チーズ ‥‥‥ 小さじ1
	オリーブ油 ‥‥ 小さじ½

[作り方]
1 かじきまぐろは2〜3等分の食べやすい大きさに切り、塩、こしょう、小麦粉、混ぜ合わせたAの順にまぶす。
2 フライパンにオリーブ油を中火で熱し、1を入れて弱火にする。ふたをして2〜3分蒸し焼きにし、途中ふたを開けて裏返し、さらに2〜3分火を通す。
3 好みでトマトケチャップ（分量外）を添える。

常備菜にもオススメ
副菜 ひじきの煮もの

[材料（作りやすい分量※）] ※おべんとうには適量を使用。

芽ひじき（乾燥） ‥‥‥‥‥ 15g	A しょうゆ、砂糖 ‥‥‥‥ 各大さじ2弱
にんじん‥‥‥ ¼本	みりん‥‥‥‥ 大さじ1
油揚げ‥‥‥‥ ½枚	だし汁‥‥‥ ⅔〜1カップ
サラダ油‥‥ 大さじ½	枝豆（冷凍）⚠ ‥‥‥‥ 6さや

[作り方]
1 芽ひじきは10〜15分水で戻して水けを切る。にんじん、油揚げは3cm長さのせん切りにする。
2 鍋にサラダ油を中火で熱し、1を炒めて全体に油がまわったらAを加える。一度沸騰させてから弱火にしてふたをし、全体に味がなじむまで煮る。
3 途中、水分が減りすぎてしまったら水かだし汁（分量外）を足す。最後は煮汁が少し残る程度で火を止める。
4 流水で解凍してさやから出した枝豆を混ぜる。

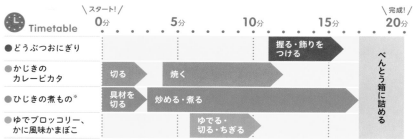

⏱ Timetable

スタート！ 0分 5分 10分 15分 完成！ 20分

●どうぶつおにぎり	握る・飾りをつける
●かじきのカレーピカタ	切る / 焼く
●ひじきの煮もの*	具材を切る / 炒める・煮る
●ゆでブロッコリー、かに風味かまぼこ	ゆでる・切る・ちぎる

べんとう箱に詰める

※ひじきは事前に水で戻しておく。

72

ラブリーなハートの形

主食 ハートのミニおにぎり

［材料（子ども1食分）］
ご飯‥‥‥‥‥‥‥‥‥‥‥‥‥‥ 子ども用茶碗1杯
好みのふりかけ（市販）‥‥‥‥‥‥‥‥‥‥‥ 適量
塩‥‥‥‥‥‥‥‥‥‥‥‥‥‥‥‥‥‥‥‥ 少々

［作り方］
1 ご飯は半分に分け、それぞれラップを使ってハート形に握る。
2 片面にふりかけ、反対の面に塩をふり、握るのに使ったラップとは別のラップで包む。

大好きおかずが手軽に作れる

主菜 チキンナゲット

［材料（子ども1食分）］
A 鶏ひき肉（もも）‥‥‥‥‥‥‥‥‥‥‥‥ 50g
　玉ねぎ（みじん切り）‥‥‥‥‥‥‥‥‥ 大さじ1
　卵‥‥‥‥‥‥‥‥‥‥‥‥‥‥‥‥‥ 大さじ1
　パン粉‥‥‥‥‥‥‥‥‥‥‥‥‥‥‥ 大さじ1
　塩、こしょう、（あればミックスドライハーブ）、
　　コンソメスープの素（顆粒）‥‥‥‥‥ 各少々
小麦粉、揚げ油‥‥‥‥‥‥‥‥‥‥‥‥ 各適量
トマトケチャップ（好みで）‥‥‥‥‥‥‥‥ 適量

［作り方］
1 ボウルに **A** をねり混ぜて3〜4等分の小判形にまとめ、小麦粉をまぶす。
2 170℃の揚げ油で3〜4分火が通るまで揚げる。好みでトマトケチャップを添える。

彩りのいいおかず

副菜 ちくわとパプリカの照り焼き

［材料（子ども1食分）］
ちくわ‥‥‥‥‥‥‥‥‥‥‥‥‥‥‥‥‥ ½本
パプリカ（赤、黄）‥‥‥‥‥‥‥‥‥‥ 各1cm分
サラダ油‥‥‥‥‥‥‥‥‥‥‥‥‥‥ 小さじ¼
A しょうゆ、みりん‥‥‥‥‥‥‥‥ 各小さじ½

［作り方］
1 ちくわは5mm厚さの輪切りにする。パプリカは5mm幅の細切りにして、半分の長さに切る。
2 フライパンにサラダ油を中火で熱し、**1** を2〜3分炒める。
3 **A** を加えてさっと煮からめる。

Week 5
水 曜日

チキンナゲット べんとう

チキンナゲットはハーブ風味にするとおいしさアップ！
おにぎりはハート形にしてかわいく仕上げて。

オクラ1本は板づりして産毛を取り、沸騰した湯で約1分ゆでて冷水にとる。水けをよくきり、2〜3等分に切る。

副菜 ちくわとパプリカの照り焼き

すきま ゆでオクラ

主食 ハートのミニおにぎり

主菜 チキンナゲット

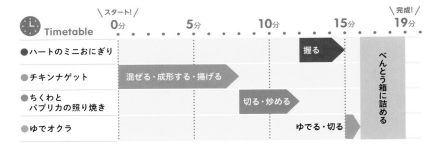

Timetable	スタート！ 0分		5分		10分		15分		完成！ 19分
●ハートのミニおにぎり							握る		べんとう箱に詰める
●チキンナゲット	混ぜる・成形する・揚げる								
●ちくわとパプリカの照り焼き				切る・炒める					
●ゆでオクラ						ゆでる・切る			

73

肉巻きおにぎり べんとう

ボリューミーな肉巻きおにぎりも、焼き肉のタレで
しっかり味つけすればパクパク食べられます。

副菜① 小松菜とウインナーのソテー

1切れの皮を
うさぎの耳の
形に切る

果物 りんご ⚠

副菜② レンジ
卵茶巾

主食 肉巻きおにぎり

⚠ **焼きのり**
年少さんの場合は、小さく
ちぎってから貼りつけます。

⚠ **ソーセージ**
弾力があるので年少さんは、
縦半分に切る。

⚠ **りんご**
年少さんの場合は皮をむい
て3mm厚さに切ってください。

Timetable

	スタート! 0分	5分	10分	15分	完成! 19分
●肉巻きおにぎり			握る・肉を巻く・焼く・のりを巻く		べんとう箱に詰める
●小松菜とウインナーのソテー	切る・焼く				
●レンジ卵茶巾		混ぜる・レンジで加熱する			
●りんご				切る	

お肉で巻いてボリュームアップ

主食 肉巻きおにぎり

[材料(子ども1食分)]

ご飯	子ども用茶碗1杯
牛薄切り肉	2枚
サラダ油	小さじ½
A 焼き肉のタレ(市販)	大さじ1
(またはしょうゆ、みりん、水各大さじ½、砂糖小さじ½)	
水	小さじ1
焼きのり ⚠	適量

[作り方]

1 ご飯は半分に分け、それぞれラップを使って細め
のたわら形に握り、牛肉を巻きつけ、手で形を整
える(牛肉は大きければ切る)。
2 フライパンにサラダ油を中火で熱し、1の巻き終
わりを下にして並べる。ふたをして弱火にし、途
中ふたを開けて転がしながら火を通す。
3 余分な油をキッチンペーパーで拭き取り、Aを加
えて中火で煮からめる。粗熱が取れたら帯状に細
く切った焼きのりを巻く。

※できあがりを小さく切るとポロポロくずれてしま
うので、食べやすく切りたい場合は半分くらいの
サイズに。

パパッと一品完成

副菜① 小松菜とウインナーのソテー

[材料(子ども1食分)]

小松菜	1株
ウインナーソーセージ ⚠	1本
バター	1g
塩、こしょう	各少々

[作り方]

1 小松菜は2cm長さに切る。ソーセージは蛇腹に切
り込みを入れて、長さを4等分に切る。
2 フライパンにバターを中火で熱し、1を炒めて塩、
こしょうで味を調える。

卵はお手軽レンジにおまかせ

副菜② レンジ卵茶巾

[材料(子ども1食分)]

卵	½個	塩、こしょう	各少々
牛乳	小さじ1	トマトケチャップ	適量

[作り方]

1 耐熱容器に卵、牛乳、塩、こしょうを入れて混ぜ
合わせ、ふんわりとラップをする。
2 電子レンジで20~40秒加熱し、途中1~2回混ぜ
て熱を通す。
3 2が熱いうちにラップで包んで茶巾にし、粗熱が取
れたらラップをとってトマトケチャップを添える。

ふんわりした甘さがやさしい
主食 ミニクロワッサン

ミニクロワッサン2個は、ワックスペーパーやラップなどに包み、おべんとう箱とは別に持参する。

トースターでかんたん魚料理
主菜 鮭のマヨネーズ焼き

［材料（子ども1食分）］
生鮭‥‥‥‥‥‥‥‥‥‥‥‥‥‥‥‥‥ ½切れ
塩、こしょう‥‥‥‥‥‥‥‥‥‥‥‥ 各少々
マヨネーズ‥‥‥‥‥‥‥‥‥‥‥‥‥‥ 適量
黒炒りごま（またはパセリのみじん切り）‥‥‥‥ 適量

［作り方］
1 生鮭は骨と皮を取り除いて2～3等分に切り、塩、こしょうする。
2 アルミホイル（くっつきにくいタイプ）に1を並べ、マヨネーズを絞り、黒炒りごまをちらす。
3 オーブントースターで5～8分火が通るまで焼く。

ごまマヨでサラダがおいしい
副菜 サラダチキンのごまマヨあえ

［材料（子ども1食分）］
サラダチキン（市販・薄切り）‥‥‥‥‥‥ 1枚
キャベツ‥‥‥‥‥‥‥‥‥‥‥‥‥‥‥ ½枚
A 白練りごま‥‥‥‥‥‥‥‥‥‥‥ 小さじ½
　マヨネーズ‥‥‥‥‥‥‥‥‥‥‥ 小さじ½
　しょうゆ‥‥‥‥‥‥‥‥‥‥‥‥‥‥ 少々

［作り方］
1 サラダチキンは1cm幅に切る。
2 キャベツは3～4cm長さの細切りにしてラップで包み、電子レンジで20～30秒加熱してしんなりさせ、粗熱をとる。余分な水分はキッチンペーパーで拭く。

3 ボウルに1、2を入れ、Aを加えてあえる。

**Week 5
金曜日**

鮭のマヨネーズ焼きべんとう

主食はパンで手軽に！ 鮭のマヨネーズ焼きはトースター調理でかんたんにできる便利なおかずです。

主食 ミニクロワッサン

副菜 サラダチキンのごまマヨあえ

主菜 鮭のマヨネーズ焼き

2個ヘタを取る

果物 いちご

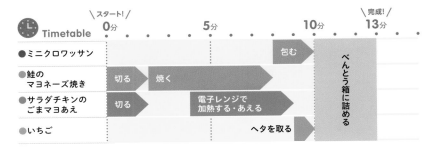

Timetable スタート！ 0分　5分　10分　完成！ 13分

●ミニクロワッサン				包む	べんとう箱に詰める
●鮭のマヨネーズ焼き	切る	焼く			
●サラダチキンのごまマヨあえ	切る	電子レンジで加熱する・あえる			
●いちご			ヘタを取る		

75

和風ひじき ハンバーグべんとう

Week 6
月 曜日

野菜たっぷりの和風ハンバーグに華やかな梅おにぎり とじゃがいもで、ボリューム満点です。

[主食] お花のおにぎり

[主菜] 和風ひじきハンバーグ

[副菜] ツナじゃが煮

[すきま] ちくわひよこ ⚠️

⅓本分に コーンを詰め、 黒炒りごまを のせる

⚠️ **ちくわ**

年少さんには噛み切りやす く厚さ1cmに切ってあげて。

パッと華やかでかわいい

[主食] **お花のおにぎり**

[材料（子ども1食分）]
ご飯… 子ども用茶碗1杯　　カリカリ梅（小）… 適量
　　　　　　　　　　　　白炒りごま …… 少々

[作り方]
1 ご飯に粗く刻んだカリカリ梅を混ぜて半分に分け、 それぞれラップを使って花びら4枚の花の形に整 える。
2 ラップを取って中心に白炒りごまをちらす。

磯の香りで食欲倍増！

[主菜] **和風ひじきハンバーグ**

[材料（子ども1食分）]
合いびき肉 …… 50g
A パン粉 …… 大さじ2
　玉ねぎ（みじん切り）
　　…… 小さじ2
　牛乳 …… 小さじ1
　ひじき（水煮）
　　…… 大さじ1
　塩、こしょう
　　…… 各少々

グリーンアスパラガス
　…… 1本
サラダ油 …… 小さじ½
にんじん …… 輪切り2枚
B 水 …… 大さじ1
　しょうゆ、みりん
　　…… 各小さじ⅔
　砂糖 …… 小さじ⅓
　片栗粉 …… 少々
　水 …… 小さじ¼

[作り方]
1 ボウルに合いびき肉、**A**を入れてよくねり混ぜ、 2〜3等分にして小判形にまとめる。
2 グリーンアスパラガスは根元の皮をピーラーでむ いて3〜4cm長さに切る。
3 フライパンにサラダ油を中火で熱し、**1**、**2**、にん じんを並べ、弱火にしてふたをする。野菜に火が 通ったら取り出し、ハンバーグは裏返してさらに 5〜8分焼いて火を通す。
4 余分な油をキッチンペーパーで拭き取り、野菜を 戻し入れる。混ぜ合わせた**B**を加えて煮からめる。

ツナで時短＆かんたんに

[副菜] **ツナじゃが煮**

[材料（作りやすい分量＊・子ども2〜3食分）]
※おべんとうには適量を使用。

じゃがいも …… ½個
玉ねぎ …… ⅛個
ツナ（缶詰）… 大さじ1

A しょうゆ、みりん、酒
　…… 各大さじ½
　砂糖 …… 小さじ½
　だし汁 …… ¼カップ

[作り方]
1 じゃがいもは3cm角程度の一口大に切り、さっと 水にさらして水けをきる。玉ねぎは薄切りにする。
2 小さめの耐熱ボウルに**1**、**A**を入れてふんわりと ラップをし、電子レンジで2〜4分やわらかくなる まで加熱する。ツナを加えて混ぜ合わせる。

⏱ Timetable	＼スタート！／ 0分		5分		10分		15分	＼完成！／ 18分
●お花のおにぎり					混ぜる・握る			べんとう箱に詰める
●和風ひじき ハンバーグ	切る		混ぜる・ 成形する		焼く・ 煮からめる			
●ツナじゃが煮	切る	レンジで 加熱する	混ぜる					
●ちくわひよこ						切る・詰める		

ご飯にお花を咲かせよう

主食 ひまわりデコご飯

[材料（子ども1食分）]

ご飯	子ども用茶碗1杯
ウインナーソーセージ	2㎝分
ホールコーン（缶詰）	12粒
好みのふりかけ（市販）	適量

[作り方]

1 ウインナーソーセージは1㎝幅に切り、格子状に切り込みを入れてフライパンで1〜2分焼く（ピーマンの肉詰めと一緒に焼く）。
2 おべんとう箱にご飯を詰め、1を中心にしてホールコーンをお花のように並べ、ご飯にふりかけをふる。

野菜嫌いもおいしく食べられる

主菜 ピーマンの肉詰め

[材料（子ども1食分）]

ピーマン	1個	A 豚ひき肉 …… 40g
小麦粉	少々	パン粉 …… 大さじ1½
		塩、こしょう …… 各少々
		オリーブ油 …… 小さじ½
		トマトケチャップ …… 適量

[作り方]

1 ピーマンは種を除いて3〜4等分の輪切りにし、内側に小麦粉をふる。
2 ボウルにAを混ぜて3〜4等分にし、1に詰める。
3 フライパンにオリーブ油を中火で熱し、2を並べて弱火にしてふたをし、2分30秒〜4分蒸し焼きにする。途中ふたを開けて裏返し、2分30秒〜4分焼いて火を通す。キッチンペーパーの上にのせ、余分な油をきり、トマトケチャップをかける。

常備菜やアレンジにも使える

副菜 切り干し大根の煮もの

[材料（作りやすい分量※）]

※おべんとうには適量を使用。

切り干し大根	30g	A だし汁 …… 1½カップ
にんじん	⅕本	酒、みりん …… 各大さじ1
油揚げ	½枚	しょうゆ、砂糖
サラダ油	小さじ1	…… 各大さじ1½

[作り方]

1 切り干し大根は水で約10分戻してしぼり、3〜4等分の長さに切る。にんじんは3㎝長さの細切りに、油揚げは油抜きをし、2㎝長さの細切りにする。
2 鍋にサラダ油を中火で熱して1を炒める。油が全体にまわったらAを加えてふたをして弱火にし、やわらかくなり、煮汁がなくなるまで約20分煮る。

Week 6
火 曜日

ピーマンの肉詰めべんとう

輪切りにしたピーマンにひき肉を詰めると、両面焼きがラクラク&子ども用サイズで見た目もかわいい！

副菜 切り干し大根の煮もの

すきま ミニトマトときゅうりのあえもの

主菜 ピーマンの肉詰め

ミニトマト2個は子どもの成長に合わせて半分〜¼に切り、きゅうり⅓本は小さめの乱切りにし、好みのドレッシングであえる

主食 ひまわりデコご飯

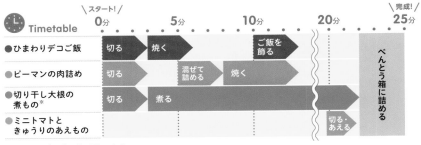

Timetable

	スタート！ 0分	5分	10分	20分	完成！ 25分
●ひまわりデコご飯	切る	焼く	ご飯を飾る		べんとう箱に詰める
●ピーマンの肉詰め	切る	混ぜて詰める	焼く		
●切り干し大根の煮もの※	切る	煮る			
●ミニトマトときゅうりのあえもの				切る・あえる	

※切り干し大根は先に水で戻しておく。

Week 6
水曜日

ロールパンドッグ べんとう

ロールパンに具材をはさむだけのかんたんレシピで子どもは大喜び！ プチピクニック気分で。

適量を皮をむいて切る

果物 オレンジ

副菜 カリフラワーの たらこマヨあえ

年中さん・年長さん向け

主食 ロールパン ドッグ

⚠ ソーセージ
年少さんは噛みきりやすいミニハンバーグやナゲットを具に。

ピクニック気分がたのしい
主食 ロールパンドッグ

[材料（子ども1食分）]
ロールパン ・・・・・・・・・・・・・・・・・・・・・・・・・・・・・・ 2個
ウインナーソーセージ ⚠ ・・・・・・・・・・・・・・・ 2本
オリーブ油 ・・・・・・・・・・・・・・・・・・・・・・・・・・ 小さじ¼
トマトケチャップ ・・・・・・・・・・・・・・・・・・・・・・ 小さじ1
サラダ菜・・・・・・・・・・・・・・・・・・・・・・・・・・・・・・・・ 2枚
スライスチーズ ・・・・・・・・・・・・・・・・・・・・・・・・・ ½枚

[作り方]
1 ロールパンの中央に切り込みを入れる。
2 ウインナーソーセージは斜めに5㎜間隔で切り込みを入れる。フライパンにオリーブ油を中火で熱し、ソーセージを炒め、トマトケチャップを加えてからめる。
3 1に、サラダ菜、半分に切ったスライスチーズ、2をはさむ。
4 3をラップで包み、中身がこぼれないようにする。

ぷちぷち食感がおいしい
副菜 カリフラワーの たらこマヨあえ

[材料（子ども1食分）]
カリフラワー ・・・・・・・・・・・・・・・・・・・・・・・・・ 小2房
たらこ（薄皮を取る）・・・・・・・・・・・・・・・・・ 小さじ1
マヨネーズ ・・・・・・・・・・・・・・・・・・・・・・・・・・ 小さじ1

[作り方]
1 カリフラワーは熱湯で3〜4分やわらかくなるまでゆでる。
2 ボウルに1、たらこを入れ、マヨネーズを加えてあえる。

🕐 Timetable

	0分		5分		10分		15分
スタート！							完成！
●ロールパンドッグ			切る・炒める・はさむ				べんとう箱に詰める
●カリフラワーの たらこマヨあえ	ゆでる・あえる						
●オレンジ					皮をむく・切る		

78

そぼろでくまの顔にデコ

主食 くまさんそぼろご飯

[材料（子ども1食分）]

ご飯·· 子ども用茶碗1杯

★炒り卵（作りやすい分量※）※おべんとうには適量を使用。

A 卵·· 1個

　 砂糖······································ 小さじ½強

　 塩·· 小さじ¼

サラダ油······································ 少々

★鶏そぼろ（約子ども1食分）

B 鶏ひき肉································· 50g

　 しょうゆ································· 小さじ1

　 酒、砂糖····························· 各小さじ⅔

　 おろししょうが····················· 少々

スライスチーズ、焼きのり··············· 各適量

[作り方]

1 ボウルにAを混ぜ合わせる。フライパンにサラダ
　 油を中火で熱し、炒り卵を作る。

2 1のフライパンをキッ
　 チンペーパーで軽くふ
　 いてきれいにする。B
　 を入れて混ぜ、中火に
　 して鶏そぼろを作る
　 （炒めたあと水溶き片栗
　 粉でとろみをつけると食べやすくなる）

3 おべんとう箱にご飯を詰め、1、2をくまの顔の
　 形にのせる。スライスチーズを小さく切って耳、
　 鼻にする。焼きのりはパンチ（または小さなはさみ）
　 を使って目、鼻・口を作る。

塩昆布のうまみがきいてる

副菜 ブロッコリーの 塩昆布あえ

[材料（子ども1食分）]

ブロッコリー······························ 小2房

塩昆布·· ひとつまみ

けずり節····································· ひとつまみ

しょうゆ······································ ごく少々

[作り方]

1 ブロッコリーは熱湯でさっとゆでて小さくほぐす。

2 ボウルに1を入れ、刻んだ塩昆布、けずり節、し
　 ょうゆを加えてあえる。

Week 6
木 曜日

くまさんそぼろ ご飯べんとう

2色のそぼろで色分けしてくまさんの顔を作って。
シンプルなデコなのにかわいく仕上がります。

副菜 ブロッコリーの塩昆布あえ

主食 くまさんそぼろご飯

⚠ **ミニトマト**
食べ慣れない場合はそのま
ま入れず、切るか湯むきを。

🕐 Timetable

	スタート! 0分		5分		10分	完成! 15分
●くまさんそぼろ ご飯	混ぜる・炒める・ご飯に飾りつける					べんとう箱に詰める
●ブロッコリーの 塩昆布あえ				ゆでてほぐす・あえる		

マカロニグラタン
べんとう

手間がかかりそうなグラタンも、市販のミニサイズ
ホワイトソースパックを使えばあっという間に完成！

冷めてもおいしい
主食 マカロニグラタン

[材料（子ども1食分）]

マカロニ	10g
スライスベーコン	½枚
玉ねぎ	⅙個
バター	2g
むきえび ⚠	35g
ホワイトソース（市販・ミニサイズ）	1パック（70g）
塩、こしょう	各少々
ピザ用チーズ	20g
パン粉	小さじ1
にんじん	輪切り2枚

[作り方]

1 スライスベーコンは1cm幅に切り、玉ねぎは薄切りにする。

2 フライパンにバターを弱火～中火で熱して1を炒める。透き通ってきたら、えびも加えて炒め、火を通す。

3 マカロニは塩（分量外）を入れた熱湯で袋の表示通りにゆで、ざるにあげる。

4 2に3、ホワイトソースを加えて混ぜ、かたければ牛乳（分量外）を加えて調整する。中火で温めてとろみをつけ、塩、こしょうで味を調える。

5 おべんとう箱の形に合わせてアルミホイルをカップ状に成形し、おべんとう箱から外す。

6 5に4を入れ、ピザ用チーズ、パン粉をのせ、オーブントースターで焼き色がつくまで4～5分焼く。にんじん（副菜の温野菜と一緒にゆでる）を型で抜き、飾る。

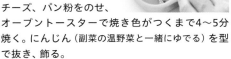

素材の味と甘みを堪能！
副菜 温野菜

[材料（子ども1食分）]

スナップえんどう	2本
にんじん	輪切り3枚
とうもろこし	2cm幅分
塩	少々

[作り方]

1 スナップえんどうは筋を除く。熱湯で野菜をそれぞれやわらかくなるまでゆで、塩をまぶす。

2 スナップえんどうは斜め半分に切り、にんじんは好みの型で抜く。

※とうもろこしは、食べやすく包丁で芯からそいでもOK。

副菜 温野菜

果物 キウイフルーツ

½個を食べやすい大きさに切る

主食 マカロニグラタン

⚠ えび
年少さんには噛み切りやすいよう厚みを半分に切ります。

⏱ Timetable	＼スタート！／ 0分	5分	10分	＼完成！／ 15分
●マカロニグラタン	切る・炒める	ゆでる・混ぜる・焼く		べんとう箱に詰める
●温野菜		ゆでる・切る・型抜きする		
●キウイフルーツ			皮をむいて切る	

ふりかけは小袋で添えても

主食 **ふりかけご飯**

[材料（子ども1食分）]
ご飯·····························子ども用茶碗1杯
好みのふりかけ（市販）······················適量

[作り方]
ご飯をおべんとう箱に詰め、ふりかけをふる。

やわらかでジューシー

主菜 **酢豚こま**

[材料（子ども1食分）]
豚こま切れ肉·····························40g
玉ねぎ·······························小⅛個
パプリカ（赤）··················縦1cm幅1切れ
ピーマン·······························¼個
塩、こしょう、片栗粉···················各少々
ごま油·····························小さじ1
A しょうゆ、トマトケチャップ········各小さじ1
　 砂糖···························大さじ½
　 酢·····························小さじ⅔
　 鶏がらスープの素（顆粒）···············少々
　 片栗粉·························小さじ¼
　 水·····························大さじ1⅓

[作り方]
1 玉ねぎは1cm幅のくし形切り、パプリカ、ピーマンは乱切りにする。耐熱ボウルに入れ、ふんわりとラップをし、電子レンジで30〜50秒加熱する。
2 豚こま切れ肉は3等分して丸め、塩、こしょう、片栗粉をまぶす。
3 フライパンにごま油を中火で熱し、2を炒める。8割方火が通ったら、1、混ぜ合わせたAを加えて温め、中まで火を通しながら煮からめる。

かにかまでかんたんかに玉

副菜 **かに玉風オムレツ**

[材料（作りやすい分量※・子ども2〜3食分）]
※おべんとうには適量を使用。
かに風味かまぼこ·························1本
卵·····································1個
長ねぎ（みじん切り）··················大さじ1
A 塩、こしょう、鶏がらスープの素（顆粒）···各少々
　 しょうゆ·······················小さじ¼
ごま油·····························小さじ⅓

[作り方]
1 かに風味かまぼこは2cm長さに切る。ボウルに卵、長ねぎ、Aを入れて混ぜ合わせる。
2 フライパンにごま油を中火で熱し、1を流し入れて小判形にまとめる。弱火で中までしっかり火を通し、食べやすい大きさに切る。

Week 7
月 曜日

酢豚こまべんとう

レンジを活用して豚こまで作る酢豚は、時間配分が効率アップのコツ。同時作業で手際よく仕上げて。

主食 **ふりかけご飯**

主菜 **酢豚こま**

副菜 **かに玉風オムレツ**

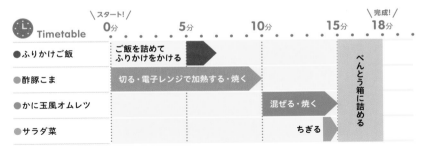

\ スタート！/　　　　　　　　　　　　　　　　　　完成！

Timetable	0分	5分	10分	15分	18分
●ふりかけご飯	ご飯を詰めてふりかけをかける				べんとう箱に詰める
●酢豚こま	切る・電子レンジで加熱する・焼く				
●かに玉風オムレツ			混ぜる・焼く		
●サラダ菜				ちぎる	

ぶりの中華炒め べんとう

オイスターソースのうまみがきいたぶりの中華炒めで
食欲アップ！ 好みのモチーフで楽しく飾って。

副菜 のりアートゆで卵

主食 2色おにぎり

主菜 ぶりの中華炒め

⚠ **ミニトマト**
食べ慣れない場合はそのま
ま入れず、切るか湯むきを。

⚠ **ゆで卵**
年少さんには細かくしてマヨ
ネーズなどであえてあげます。

2種類の味を楽しめる
主食 2色おにぎり

[材料（子ども1食分）]
ご飯‥‥‥‥‥‥‥‥‥‥‥‥‥ 子ども用茶碗1杯
塩、赤じそふりかけ（市販）、青のり ‥‥‥‥ 各少々
[作り方]
ご飯は半分に分け、それぞれラップを使って丸く握
って塩をふる。それぞれに赤じそふりかけ、青のり
をふる。

オイスターソースでこくうま
主菜 ぶりの中華炒め

[材料（子ども1食分）]
ぶり‥‥‥‥‥‥‥‥‥‥‥‥‥‥‥‥‥‥ ½切れ
小麦粉‥‥‥‥‥‥‥‥‥‥‥‥‥‥‥‥‥‥ 少々
れんこん‥‥‥‥‥‥‥‥‥‥‥‥‥‥ 薄切り1枚
パプリカ（赤）‥‥‥‥‥‥‥‥‥ 縦5cm幅1切れ
チンゲン菜‥‥‥‥‥‥‥‥‥‥‥‥‥‥‥‥ 1枚
ごま油‥‥‥‥‥‥‥‥‥‥‥‥‥‥‥‥ 小さじ½
A オイスターソース、水‥‥‥‥‥‥ 各小さじ⅔
　 しょうゆ‥‥‥‥‥‥‥‥‥‥‥‥‥ 小さじ¼
　 おろししょうが‥‥‥‥‥‥‥‥‥‥‥‥ 少々
[作り方]

1 ぶりは骨と皮を取り除
いて2cm角に切り、キ
ッチンペーパーで水け
を拭き取ってから小麦
粉をまぶす。
2 れんこんはいちょう切
り、パプリカは細切り、チンゲン菜は2cm長さに
切る。
3 フライパンにごま油を中火で熱して1を焼き、焼
き色がついたら、れんこん、パプリカを加えて炒
める。チンゲン菜を加えてさっと炒め合わせ、混
ぜ合わせたAを加えて味をからめる。

のりのシルエットがかっこいい
副菜 のりアートゆで卵

[材料（子ども1食分）]
卵⚠‥‥‥‥‥‥‥‥‥‥‥‥‥‥‥‥‥‥‥ 1個
塩‥‥‥‥‥‥‥‥‥‥‥‥‥‥‥‥‥‥‥‥ 少々
焼きのり（市販・恐竜の形）‥‥‥‥‥（あれば）1枚
[作り方]
1 鍋に卵、かぶるぐらいの水を入れて中火にかけ、
沸騰したら9〜10分弱火でゆでる。冷水にとって
冷まし、殻をむく。
2 半分に切って塩をまぶし、あれば好みの形ののり
を飾る。

🕐 Timetable

	スタート！ 0分		5分		10分		15分	完成！ 18分
●2色おにぎり					握る・ふりかけと青のりをふる			べんとう箱に詰める
●ぶりの中華炒め		切る・焼く・炒める						
●のりアートゆで卵		ゆでる				切る・のりで飾る		

くるくる巻いて食べやすく
主食 ナポリタン

[材料 (子ども1食分)]
スパゲッティ (早ゆでタイプ) ･･････････ 50g
オリーブ油 ･･････････ 小さじ¼＋小さじ½
ベーコン ･･････････ ½枚
玉ねぎ ･･････････ ⅛個
ピーマン ･･････････ ½個
A トマトケチャップ ･･････････ 大さじ1と½
　ウスターソース ･･････････ 小さじ½
粉チーズ ･･････････ 小さじ1

[作り方]
1 スパゲッティは塩 (分量外) を入れた熱湯でゆで、オリーブ油小さじ¼をまぶす。
2 ベーコンは1cm幅に切り、玉ねぎは薄切り、ピーマンは細切りにする。
3 フライパンにオリーブ油小さじ½を中火で熱して2を炒め合わせる。1、**A**を加えてさっと炒め合わせ、粉チーズをふる。一口ずつくるくる巻いておべんとう箱に詰める。

コーンの甘さが引き立つ
副菜 コールスローサラダ

[材料 (子ども1食分)]
キャベツ ･･････････ ⅓枚
ホールコーン (缶詰) ･･････････ 大さじ½
A 塩 ･･････････ 少々
　マヨネーズ ･･････････ 小さじ⅔〜1
　粉チーズ ･･････････ 小さじ⅓

[作り方]
1 キャベツは長さ4cmのせん切りにしてラップで包み、10〜20秒しんなりするまで電子レンジで加熱する。余分な水けはキッチンペーパーで拭き取る。
2 ボウルに1、ホールコーンを入れ、**A**を加えてあえる。

Week 7 水曜日

ナポリタンべんとう

色鮮やかなナポリタンは、子どもでも食べやすいようにくるくると一口サイズに巻いて詰めて。

副菜 コールスローサラダ

主食 ナポリタン

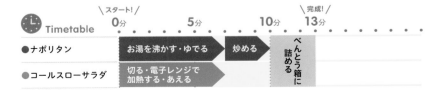

Timetable ＼スタート!／ 0分　5分　10分 ＼完成!／ 13分

●ナポリタン　お湯を沸かす・ゆでる　炒める　べんとう箱に詰める

●コールスローサラダ　切る・電子レンジで加熱する・あえる

中華風えびマヨ炒めべんとう

プリプリのえびマヨはご飯にぴったりのおかず。
飛行機風のご飯デコならさらにテンションも上昇！

主菜 **中華風えびマヨ炒め**

副菜 **おかか入り卵焼き**

1本ゆでて斜めに切る → すきま **ゆでオクラ**

1個ヘタを取る → 果物 **いちご**

主食 **飛行機風ご飯**

⚠ えび
年少さんには噛み切りやすいよう厚みを半分に切ります。

かっこよくて気分が上がる
主食 飛行機風ご飯

[材料（子ども1食分）]
ご飯 …………………………… 子ども用茶碗1杯
塩 ………………………………………… 少々
焼きのり ………………………………… 適量
かに風味かまぼこ（赤い部分）………… 適量

[作り方]
1 ご飯は半分よりやや多めの量をラップで包み、飛行機の機体になるように楕円形に整え、おべんとう箱に詰める。残りのご飯は翼の部分になるようにラップで形を整える。
2 1に塩をまぶし、はさみで切ったのり、のりパンチで抜いた星形のり、細くさいたかに風味かまぼこの赤い部分で、飛行機の飾りをつける。

みんな大好きえびマヨ
主菜 中華風えびマヨ炒め

[材料（子ども1食分）]

えび⚠ …… 3〜4尾	A マヨネーズ… 大さじ1
塩、こしょう… 各少々	トマトケチャップ
片栗粉 ………… 適量	………… 小さじ½
ごま油 …… 大さじ½	水 ………… 小さじ1
長ねぎ（みじん切り）	しょうゆ、おろし
………… 大さじ1	しょうが… 各少々

[作り方]
1 えびは殻をむき、背ワタを取って塩（分量外）でもんでさっと洗い、水けをよく拭き、塩、こしょう、片栗粉をまぶす。
2 フライパンにごま油を中火で熱し、1を炒めて色が変わったら長ねぎを加えて炒め合わせる。
3 混ぜ合わせたAを加えて手早く炒め合わせる。

おかかのうまみでおいしさ倍増
副菜 おかか入り卵焼き

[材料（作りやすい分量※・6切れ分）] ※おべんとうには1切れを使用。

卵 ………………… 2個	サラダ油…… 小さじ⅓
A けずり節 …… 1〜2g	
しょうゆ… 小さじ½	
塩 …………… 少々	
砂糖 ……… 小さじ1	

[作り方]
1 ボウルに卵を溶きほぐし、Aを加えて混ぜる。
2 卵焼き器にサラダ油を中火で熱し、1を流し入れて菜ばしで大きく混ぜ、半熟状になったら火を弱めて奥から手前にくるくる巻く。フライ返しで形を整え、上下を返して火を通す。
3 粗熱がとれたら6等分に切る。1切れを斜めに切って詰める。

⏱ Timetable

	スタート！0分	5分	10分	15分	完成！20分
●飛行機風ご飯				成形する・飾りをつける	べんとう箱に詰める
●中華風えびマヨ炒め		下処理をする・炒める			
●おかか入り卵焼き	混ぜる・焼く・切る				
●ゆでオクラ、いちご	ゆでる・ヘタを取る				

中華風えびマヨ炒めべんとう／タンドリーチキンべんとう

ふんわり甘みがひろがる
主食 ロールパンサンド

[材料（子ども1食分）]
ミニロールパン ···························· 2個
ピーナッツホイップバター（または好みのジャム）··· 小さじ2
スライスチーズ ························ 適量

[作り方]
1 ミニロールパンに切り込みを入れ、ピーナッツホイップバター、または好みのジャムを塗る。
2 型で抜いたスライスチーズを飾る。

※ピーナッツアレルギーの可能性がある場合は、好みのジャムを使ってください。

カレーの香りで食欲アップ
主菜 タンドリーチキン

[材料（子ども1食分）]
鶏もも肉（から揚げ用）··········· 2〜3切れ
A プレーンヨーグルト ··········· 大さじ1½
  トマトケチャップ ··········· 大さじ½
  塩 ····························· 少々
  しょうゆ ····················· 小さじ½
  カレー粉 ····················· 少々

[作り方]
1 鶏もも肉は厚みを包丁で均一に開き、ポリ袋に**A**と一緒に入れてもみ込む（20分以上、できれば前日から漬ける）。
2 1のタレを軽く除く。天板にアルミホイル（くっつきにくいタイプ）を敷いて鶏肉をのせ、オーブントースターで8〜12分火が通るまで焼く。

栄養豊富な野菜でもう一品
副菜 ほうれん草のバターソテー

[材料（子ども1食分）]
ほうれん草 ·························· 1株
にんじん ···· 5mm厚さの輪切り（または半月切り）2枚
バター ····························· 1g
塩 ······························· 少々

[作り方]
1 ほうれん草は熱湯でさっとゆでて3cm長さに切り、同じ湯でにんじんもやわらかくなるまでゆでる。
2 鍋にバターを中火で熱し、1、塩を入れてさっと炒め合わせる。

Week 7
金曜日
タンドリーチキンべんとう

甘いロールパンサンドと風味豊かなタンドリーチキンを組み合わせて味の変化が楽しいおべんとうに。

副菜 ほうれん草のバターソテー

主食 ロールパンサンド

主菜 タンドリーチキン

⚠️ ミニトマト
食べ慣れない場合はそのまま入れず、切るか湯むきを。

Timetable	0分	5分	10分	15分	18分
	スタート！				完成！
●ロールパンサンド			切る・塗る・飾る →	べんとう箱に詰める	
●タンドリーチキン※	焼く			→	
●ほうれん草のバターソテー	切る・ゆでる・炒める →				

※鶏もも肉は前日または20分以上前から漬けておく。

Week 8 月曜日

豚のしょうが焼き べんとう

人気おかずの豚のしょうが焼きは野菜ときのこを入れてボリューム&栄養満点に仕上げましょう!

副菜 薄焼き卵のくるくる巻き

主食 漬け物ご飯

主菜 豚のしょうが焼き

⚠ **しめじ**
小さい子の場合は、噛み切りにくいので小さく切って。

⚠ **ミニトマト**
食べ慣れない場合はそのまま入れず、切るか湯むきを。

パステルカラーでかわいい
主食 漬け物ご飯

[材料(子ども1食分)]
ご飯‥‥‥‥‥‥‥‥‥‥‥‥‥‥ 子ども用茶碗1杯
漬け物(桜大根、たくあん)‥‥‥‥‥‥ 各少々
[作り方]
ご飯をおべんとう箱に詰め、5mm角に切った漬け物を散らす。

野菜の甘みがお肉と調和
主菜 豚のしょうが焼き

[材料(子ども1食分)]
豚薄切り肉‥‥‥‥‥‥‥‥‥‥‥‥‥‥‥ 50g
グリーンアスパラガス‥‥‥‥‥‥‥‥‥‥ 1本
しめじ⚠‥‥‥‥‥‥‥‥‥‥‥‥‥‥‥ 5本
サラダ油‥‥‥‥‥‥‥‥‥‥‥‥‥‥ 小さじ⅓
A しょうゆ、水、みりん‥‥‥‥‥‥ 各小さじ1
　砂糖‥‥‥‥‥‥‥‥‥‥‥‥‥‥ 小さじ¼
　おろししょうが‥‥‥‥‥‥‥‥‥‥‥ 少々
[作り方]
1 豚薄切り肉は4〜5cm長さに切る。グリーンアスパラガスは根元の皮をピーラーでむいて斜め切りにする。しめじは石づきを取ってほぐす。
2 フライパンにサラダ油を中火で熱し、1を4〜5分炒めて火を通す。
3 余分な油をキッチンペーパーで拭き取り、Aを加えてからめる。

キュートなキャンディー卵
副菜 薄焼き卵のくるくる巻き

[材料(作りやすい分量※・5〜6個分)]
※おべんとうでは2切れを使用。
卵‥‥‥‥‥‥‥‥‥‥‥‥‥‥‥‥‥ 小1個
塩、こしょう‥‥‥‥‥‥‥‥‥‥‥‥ 各少々
サラダ油‥‥‥‥‥‥‥‥‥‥‥‥‥‥‥ 少々
スライスチーズ‥‥‥‥‥‥‥‥‥‥‥‥ 1枚
サラダ菜‥‥‥‥‥‥‥‥‥‥‥‥‥‥‥ 1枚
[作り方]

1 ボウルに卵を溶きほぐし、塩、こしょうを入れて混ぜる。卵焼き器にサラダ油を熱して卵液を流し入れる。弱火にし、半熟状になったら裏返して両面火を通し、粗熱をとる。
2 1の上にスライスチーズ、サラダ菜をのせて端からくるくる巻き、一口サイズに切る。

🕐 Timetable

	＼スタート!／ 0分		5分		10分		15分	完成!／ 18分
●漬け物ご飯						切る・詰める		べんとう箱に詰める
●豚のしょうが焼き			切る・焼く					
●薄焼き卵のくるくる巻き	混ぜる・焼く・巻く							

おにぎり用ラップでかんたんデコ
主食 ラップおにぎり

[材料(子ども1食分)]
ご飯‥‥‥‥‥‥‥‥‥‥‥‥‥ 子ども用茶碗1杯
好みの具(たらこ、昆布の佃煮など)‥‥‥‥ 各適量
塩‥‥‥‥‥‥‥‥‥‥‥‥‥‥‥‥‥‥‥‥ 少々

[作り方]
1 ご飯は半分に分け、ラップにのせて具を入れて握り、塩をまぶす。
2 1をおにぎり用ラップで包む。

皮をとってもOK
主菜 さばの竜田揚げ

[材料(子ども1食分)]
さば(三枚おろし)‥‥‥‥‥‥‥‥‥‥‥‥ ¼枚
A しょうゆ、酒‥‥‥‥‥‥‥‥‥‥‥ 各小さじ1
　おろししょうが‥‥‥‥‥‥‥‥‥‥‥ 小さじ¼
片栗粉‥‥‥‥‥‥‥‥‥‥‥‥‥‥‥‥‥‥ 適量
揚げ油‥‥‥‥‥‥‥‥‥‥‥‥‥‥‥‥‥‥ 適量
[作り方]
1 さばは骨を除き、食べやすく2～3等分に切る。キッチンペーパーで水けを拭き、**A**で下味をつける。
2 1に片栗粉をまぶし、170℃の揚げ油で3～4分火が通るまで揚げる。

ケチャップでさっぱりトマト味
副菜 ケチャップパスタ

[材料(子ども1食分)]
サラダ用スパゲッティ‥‥‥‥‥‥‥‥‥‥‥‥5g
オリーブ油‥‥‥‥‥‥‥‥‥‥‥‥‥‥‥‥ 少々
ロースハム‥‥‥‥‥‥‥‥‥‥‥‥‥‥‥‥ ⅓枚
トマトケチャップ‥‥‥‥‥‥‥‥‥‥‥‥ 大さじ1
粉チーズ‥‥‥‥‥‥‥‥‥‥‥‥‥‥‥ 小さじ½
[作り方]
1 サラダ用スパゲッティは表示通りにゆでてざるにあげ、オリーブ油をまぶす。
2 ボウルに1、細切りにしたロースハムを入れ、トマトケチャップ、粉チーズを加えて混ぜ合わせる。

Week 8
火曜日

さばの竜田揚げ べんとう

カラッと揚げたさばの竜田揚げの香りが食欲をそそります。おにぎり用ラップで手軽にかわいく!

主食 ラップおにぎり

主菜 さばの竜田揚げ

副菜 ケチャップパスタ

すきま 型抜きパプリカ
1切れゆでて型で抜く

すきま ゆでブロッコリー ゆでかぼちゃ
ブロッコリーは小2房、かぼちゃは2切れゆでる

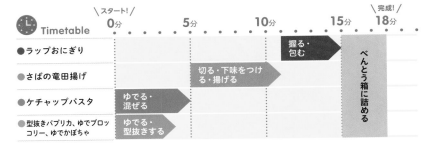

⏱ Timetable	0分		5分		10分		15分	18分
●ラップおにぎり						握る・包む		べんとう箱に詰める
●さばの竜田揚げ				切る・下味をつける・揚げる				
●ケチャップパスタ	ゆでる・混ぜる							
●型抜きパプリカ、ゆでブロッコリー、ゆでかぼちゃ	ゆでる・型抜きする							

87

焼きうどんべんとう

市販のゆでうどんと付属のソースで作るお手軽焼きうどん。青のりやかつお節をかけてアレンジしても。

あっという間に完成！

主食 焼きうどん

[材料（作りやすい分量※）] ※おべんとうには適量を使用。

焼きうどん用ゆでめん（ソース付き）・・・・・・・・・・・・	1玉
豚薄切り肉・・・・・・・・・・・・・・・・・・・・・・・・・・・・・・・・・・	30g
キャベツ・・・・・・・・・・・・・・・・・・・・・・・・・・・・・・・・・・・・	½枚
パプリカ（赤）・・・・・・・・・・・・・・・・・・・	縦1㎝幅1切れ
サラダ油・・・・・・・・・・・・・・・・・・・・・・・・・・・・・・	小さじ½

[作り方]

1 豚薄切り肉は2㎝幅、キャベツは3㎝四方、パプリカは細切りにする。

2 フライパンにサラダ油を中火で熱し、豚肉、野菜の順に炒める。

3 肉の色が変わったら、ゆでめんを加えて炒め、全体がほぐれて火が通ったら、付属のソースを加えて混ぜ合わせる。

小さなサイズがかわいい

副菜 ミニ目玉焼き

[材料（子ども1食分）]

うずらの卵（生）・・・・・・・・・・・・・・・・・・・・・・・・・・・・・・	2個
サラダ油・・・・・・・・・・・・・・・・・・・・・・・・・・・・・・	小さじ¼
塩・・	少々
焼きのり・・・・・・・・・・・・・・・・・・・・・・・・・・・・・・・・・・・・	適量

[作り方]

1 フライパンにサラダ油を中火で熱し、うずらの卵を割り入れる。水大さじ1（分量外）を加えてふたをし、中まで火を通して塩をふる。

2 焼きのりはパンチ（または小さなはさみ）で目、口を作り、貼りつける。

すきま なると

薄く切って半分に切って耐熱容器に入れてふんわりとラップをし、電子レンジで5〜10秒加熱。

副菜 ミニ目玉焼き

主食 焼きうどん

Timetable	スタート！ 0分	5分	10分	完成！ 16分
●焼きうどん		切る・炒める・混ぜる		べんとう箱に詰める
●ミニ目玉焼き	焼く・飾る			
●なると			切る・電子レンジで加熱する	

色とりどりの小さなおにぎり

主食 カラフルおにぎり

[材料（子ども1食分）]

ご飯･････････････････････ 子ども用茶碗1杯
デコふりかけ（ピンク、緑、黄色）･････ 各少々

[作り方]

1 ご飯は3等分にしてそれぞれにふりかけを混ぜる。
2 1をそれぞれ半分にし、ラップを使って丸く握る。

パリパリ春巻きは冷めてもおいしい

主菜 豚とパプリカの春巻き

[材料（子ども1食分）]

豚薄切り肉 ･････････････ 小1枚（15〜20g）
A 塩、こしょう ･････････････････ 各少々
　 しょうゆ、片栗粉 ･･･････････････ 各少々
パプリカ（赤）･･･････････････ せん切り4本
焼きのり･･･････････････ 10cm四方1枚
春巻きの皮（ミニ）･･･････････････1枚
水溶き小麦粉
　（小さじ½の小麦粉を水少々で溶いて練る）･･････ 適量
揚げ油 ･･･････････････････････ 適量

[作り方]

1 豚薄切り肉は2cm幅に切り、Aをよくもみ込む。
2 焼きのりに豚肉、パプリカを順にのせて軽く包む。さらに春巻きの皮で包み、平たく形を整え、巻き終わりを水溶き小麦粉でとめる。
3 フライパンに多めの揚げ油を入れて弱火〜中火で熱し、2の両面を4〜5分揚げ焼きにして火を通す。冷めたら斜めに切る。

カレー味で食欲アップ

副菜 カレー風味にんじん

[材料（子ども1食分）]

にんじん･･････････5mm厚さの半月切り4枚
水 ･･･････････････････････ ¼カップ
カレー粉･･･････････････････ 小さじ¼
しょうゆ･･････････････････ 小さじ½
砂糖･･･････････････････ 小さじ¼

[作り方]

1 耐熱容器に材料をすべて入れて混ぜ、ふんわりとラップをする。
2 電子レンジで約2分、竹串がすっと通るまで加熱する。

Week 8
木 曜日

カラフルおにぎり＆春巻きべんとう

カラフルなデコふりかけでおべんとうを華やかに。
おかずは細めに巻いた春巻きで食べやすい工夫も。

主食 カラフルおにぎり

すきま ゆでブロッコリー
小2房ゆでてマヨネーズをつける

主菜 豚とパプリカの春巻き

副菜 カレー風味にんじん

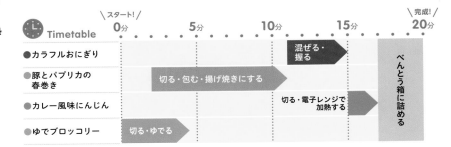

Timetable

	0分	5分	10分	15分	20分
	スタート！				完成！
●カラフルおにぎり				混ぜる・握る	べんとう箱に詰める
●豚とパプリカの春巻き		切る・包む・揚げ焼きにする			
●カレー風味にんじん				切る・電子レンジで加熱する	
●ゆでブロッコリー	切る・ゆでる				

ピザトースト
べんとう

材料を用意したらパンにのせて焼くだけ。
食べやすいように4等分に切って詰めましょう。

材料を用意したらパンにのせて焼くだけ

主食 ピザトースト

[材料（子ども1食分）]

食パン（6枚切り）	1枚
トマトケチャップ	大さじ½～1
ツナ（缶詰）	大さじ1½
ホールコーン（缶詰）	大さじ½
ピザ用チーズ	30g
ピーマン	薄い輪切り4枚

[作り方]

1 食パンにトマトケチャップを塗り、ツナ、ホールコーン、ピザ用チーズを均一にのせ、上にピーマンをのせる。

2 オーブントースターでチーズが溶けるまで3～4分焼き、4等分に切る。

主食 ピザトースト

適量を
一口大に切る

果物 メロン

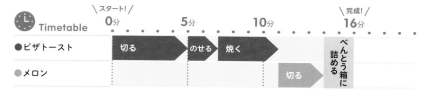

⏱ Timetable

	スタート！ 0分		5分		10分		完成！ 16分
●ピザトースト	切る		のせる	焼く			べんとう箱に詰める
●メロン						切る	

PART 3

作りおきOK!
便利おかず

PART2で紹介したおべんとうのおかずのなかで、作りおきできるものを集めました。
多めに作って保存できるよう作りやすい分量にしています。
また、飽きずに食べられるアレンジレシピも紹介しています。

おべんとうレシピはこちら！
→ P.24

定番味を作りおきしておくと便利

から揚げ

子ども 4〜5食分 | 冷蔵 3日 | 冷凍 2週間

[材料]

鶏もも肉（から揚げ用）
・・・・・・・・・・・・・・・ 8〜10個
A しょうゆ ・・・・・・ 大さじ1½
　酒 ・・・・・・・・・・・ 大さじ½
　おろししょうが ・・・ 小さじ1
片栗粉 ・・・・・・・・・・・・・ 適量
揚げ油 ・・・・・・・・・・・・・ 適量

[作り方＆保存方法]

1 鶏もも肉に混ぜ合わせた A をもみ込む。
2 揚げる直前に片栗粉をまぶして、170℃の揚げ油で6分ほど中に火が通るまで揚げる。
3 冷めたら、保存袋に入れ、空気を抜いて保存する。

アレンジレシピ

甘酢でからめて中華に大変身　**から揚げの甘酢ケチャップ**

[材料（子ども1食分）]

から揚げ ・・・・・・・・・・・・・・・ 2個
パプリカ（黄）・・・・・・・・・ 1cm幅分
A トマトケチャップ ・・・・・・ 大さじ½
　酢 ・・・・・・・・・・・・・ 小さじ½
　砂糖 ・・・・・・・・・・・ 小さじ½
　しょうゆ ・・・・・・・・・・ 小さじ⅓
　水溶き片栗粉
　・・・・ 片栗粉小さじ¼、水大さじ1

[作り方]

1 から揚げは、冷凍している場合は電子レンジで解凍し（→P.18）、半分に切る。パプリカは小さめの乱切りにする。
2 耐熱ボウルに A を入れて混ぜ、パプリカを加えてふんわりラップをし、電子レンジで約20秒加熱する。

3 から揚げを加えて混ぜ、さらに約20秒加熱する。

おべんとうレシピはこちら！
→ P.32

ケチャップの甘みがおいしい

ささみとアスパラの ケチャップソテー

子ども 4食分 | 冷蔵 2〜3日 | 冷凍 1週間

[材料]

鶏ささみ ・・・・・・・・・・・・・・・ 2本
塩、こしょう、小麦粉 ・・ 各適量
グリーンアスパラガス ・・・ 4本
オリーブ油 ・・・・・・・ 大さじ½
A 水 ・・・・・・・・・・・・・・・ 大さじ1
　トマトケチャップ
　・・・・・・・・・・・・・ 大さじ2

[作り方＆保存方法]

1 鶏ささみは筋を除き、そぎ切りにし、塩、こしょう、小麦粉を順にまぶす。グリーンアスパラガスは根元の皮をピーラーでむいて斜め切りにする。
2 フライパンにオリーブ油を中火で熱し、1を炒める。途中で裏返して計4〜5分加熱し、火を通す。余分な油をキッチンペーパーで拭き取り、A を加えて煮からめる。
3 冷めたら小分けにしてラップで包み、保存袋に入れ、空気を抜いて保存する。

アレンジレシピ

卵で包んでボリュームアップ　**ケチャップソテーオムレツ**

[材料（子ども1食分）]

ささみとアスパラのケチャップソテー
・・・・・・・・・・・・・・・・・・・ ¼量
卵 ・・・・・・・・・・・・・・・・・・・ 1個
牛乳 ・・・・・・・・・・・・・・ 小さじ1
塩 ・・・・・・・・・・・・・・・・・・ 少々
オリーブ油 ・・・・・・・・・ 小さじ½

[作り方]

1 ささみとアスパラのケチャップソテーは、冷凍している場合は電子レンジで解凍する（→P.18）。グリーンアスパラガスは小さく切る。ボウルに入れ、卵、牛乳、塩を加えて混ぜる。

2 小さめのフライパンにオリーブ油を中火で熱し、1を流し入れて菜ばしで大きく混ぜ、折りたたんで小判形にまとめる。弱火にして上下を返し、しっかりと中まで火を通し、食べやすい大きさに切る。

ご飯に合うおかず
鮭の照り焼き

子ども4食分　冷蔵2〜3日　冷凍2週間

[材料]
生鮭 ・・・・・・・・・・・・・・・・・ 2切れ
小麦粉 ・・・・・・・・・・・・・・・ 適量
サラダ油 ・・・・・・・・・・・・・ 小さじ1
A しょうゆ、みりん、水
　 ・・・・・・・・・・ 各大さじ1⅓
　 砂糖 ・・・・・・・・・ 小さじ1強

[作り方&保存方法]
1 生鮭は骨と皮を取り除いて、1切れを4等分に切り、小麦粉をうすくまぶす。
2 フライパンにサラダ油を中火で熱し、1を入れてふたをし焼く。
3 途中ふたを開けて裏返し、計5〜6分焼いて火を通し、余分な油をキッチンペーパーで拭き取り、Aを加えて煮からめる。
4 冷めたら小分けにしてラップで包み、保存袋に入れ、空気を抜いて保存する。

おべんとうレシピはこちら!
→ P.38

アレンジレシピ
彩りも栄養バランスもバッチリ!　鮭と小松菜のおにぎり

[材料 (子ども1食分)]
鮭の照り焼き ・・・・・・・・・・・・・・・ ⅛量
ご飯 ・・・・・・・・・・ 子ども用茶碗1杯
小松菜の葉 ・・・・・・・・・・・・・・・ 2枚
塩 ・・・・・・・・・・・・・・・・・・・・・ 適宜

[作り方]
1 小松菜はゆでて粗く刻む。鮭の照り焼きは、冷凍している場合は電子レンジで解凍し(→P.18)、ほぐす。

2 ご飯に1を混ぜて半分に分け、それぞれラップを使って三角に握り、好みで塩少々をまぶす。

小さいけれど、メインになるおかず
ハンバーグ

子ども9食分　冷蔵2〜3日　冷凍2週間

[材料]
A 合いびき肉 ・・・・・・・・ 200g
　 玉ねぎ(みじん切り) ・ ⅛個分
　 パン粉 ・・・・・・・・・・ ½カップ
　 卵 ・・・・・・・・・・・・・・・・・ 1個
　 塩 ・・・・・・・・・・・・・ 小さじ⅕
　 こしょう ・・・・・・・・・・・ 少々
オリーブ油 ・・・・・・・・ 小さじ1
B トマトケチャップ ・ 大さじ4
　 ウスターソース ・・・ 小さじ2
　 水 ・・・・・・・・・・・・・・・ 大さじ3
　 片栗粉 ・・・・・・・・・ 小さじ⅔

[作り方&保存方法]
1 ボウルにAを入れてよく混ぜ、9等分にして小判形にまとめる。
2 フライパンにオリーブ油を弱火で熱し、1を入れてふたをして焼く。途中ふたを開けて裏返し、計5〜8分焼いて火を通す。
3 キッチンペーパーで余分な油を拭き取り、混ぜ合わせたBを加えて煮からめる。
4 冷めたら1個ずつラップで包み、保存袋に入れ、空気を抜いて保存する。

おべんとうレシピはこちら!
→ P.40

アレンジレシピ
かんたんアレンジで見た目を華やかに　お花ハンバーグ

[材料 (子ども1食分)]
ハンバーグ ・・・・・・・・・・・・・・・ 1個
ホールコーン(缶詰) ・・・・・・・・・・ 5粒
白炒りごま ・・・・・・・・・・・・・・・ 少々

[作り方]
1 ハンバーグは、冷凍している場合は電子レンジで解凍する(→P.18)。上にコーンを丸く並べ、中心に白炒りごまをのせる。

おべんとうレシピはこちら！
→P.42

揚げる前の状態でも冷凍OK

白身魚のフライ

 子ども 4〜5食分 冷凍 1週間

[材料]
生たら・・・・・・・・・・・・・ 2切れ
塩、こしょう・・・・・・・・ 各少々
小麦粉、溶き卵、パン粉
・・・・・・・・・・・・・・・・・・ 各適量
揚げ油・・・・・・・・・・・・・ 適量

[作り方 & 保存方法]
1 生たらは骨と皮を取り除き、1切れを4〜6等分にし、塩、こしょうで下味をつける。
2 小麦粉、溶き卵、パン粉の順に衣をつける。
3 冷凍用保存袋に入れ、空気を抜いて保存する。
4 おべんとうに使う際、凍ったまま170℃の揚げ油に入れ、火が通るまで4〜5分揚げ、油をきる。
※作り方2のあと揚げてから冷凍してもOK。

アレンジレシピ

ふんわりパンではさんでかんたんカフェ風に **フィッシュサンド**

[材料（子ども1食分）]
白身魚のフライ・・・・・・・・・・・・ 2個
白パン・・・・・・・・・・・・・・・・・・ 1個
リーフレタス・・・・・・・・・・・・・ 適量
マヨネーズ、トマトケチャップ
・・・・・・・・・・・・・・・・・・・・ 各小さじ1
ゆで卵・・・・・・・・・・・・・・ 薄切り2枚

[作り方]
1 白身魚のフライは、凍ったまま170℃の揚げ油に入れ、火が通るまで4〜5分揚げ、油をきる。
2 白パンは横半分に切る。

3 マヨネーズ、トマトケチャップを2の間に塗り、1、リーフレタス、ゆで卵をはさみ、半分に切る。

※おべんとうにするときはラップで包む。

おべんとうレシピはこちら！
→P.44

ゆでたパスタも冷凍OK！

ショートパスタ＆ミートソース

 子ども 6食分 冷蔵 2〜3日 冷凍 2週間

[材料]
A 合いびき肉・・・・・・・・・・・・ 200g
  玉ねぎ（みじん切り）・・・・・ ¼個分
  トマトの水煮（缶詰）・・・ 1カップ
  トマトケチャップ・・・ 大さじ1½
  ウスターソース・・・・・・ 大さじ½
  塩、こしょう・・・・・・・・・・ 各少々
  オリーブ油・・・・・・・・・・ 小さじ1
B 片栗粉・・・・・・・・・・・・・・ 小さじ1
│ 水・・・・・・・・・・・・・・・ 大さじ1と¼
粉チーズ・・・・・・・・・・・・・ 大さじ1
ショートパスタ（フジッリなど）
・・・・・・・・・・・・・・・・・・・・・・・ 200g
オリーブ油・・・・・・・・・・・・ 大さじ1

[作り方 & 保存方法]
1 深めの耐熱ボウルにAを入れて混ぜ、ふんわりとラップをし電子レンジで8〜12分加熱する。
2 1にBの水溶き片栗粉を加えて、ふんわりラップをし電子レンジで1〜2分加熱して、粉チーズを混ぜる。
3 冷めたら保存袋に入れて空気を抜き、菜ばしなどで6等分に筋を入れて保存する。
4 ショートパスタはゆでてオリーブ油をからめ、6等分の小分けにしてラップで包み、保存袋に入れ、空気を抜いて保存する。

アレンジレシピ

手軽にグラタン風おかずが完成！ **ショートパスタのチーズ焼き**

[材料（子ども1食分）]
ミートソース・・・・・・・・・・・・・ 適量
ショートパスタ・・・・・・・・・・・ ⅙量
ピザ用チーズ・・・・・・・・・・ 大さじ1
ドライパセリ・・・・・・・ （あれば）少々

[作り方]
1 ミートソースとショートパスタは、冷凍している場合は電子レンジで解凍する（→P.18）。ソースとパスタを混ぜ合わせ、アルミカップなどに入れ、ピザ用チーズをのせる。

2 オーブントースターでチーズが溶けるまで3〜4分焼き、あればドライパセリをちらす。

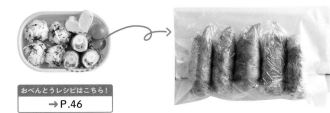

おべんとうレシピはこちら！
→ P.46

くるくる巻いて食べやすく
豚肉のお花巻き焼き

子ども
3〜5食分 ｜ 冷蔵 2〜3日 ｜ 冷凍 1週間

[材料]
豚薄切り肉 ・・・・・・・・・・・・ 5枚
さやいんげん ・・・・・・・・・・ 5本
ベビーコーン（水煮）・・・・・ 5本
小麦粉・・・・・・・・・・・・・・・・・ 適量
サラダ油 ・・・・・・・・・・・ 小さじ1
A しょうゆ、水・・・ 各大さじ1
 ｜ 砂糖、みりん・・・ 各小さじ1

[作り方＆保存方法]
1 さやいんげんはゆでて、半分に切る。
2 豚肉を広げて、小麦粉をうすくふり、いんげん、ベビーコーンを並べ手前から巻いていく。表面にも小麦粉をまぶす。
3 フライパンにサラダ油を弱めの中火で熱し、2を焼く。途中転がしてふたをし、火が通るまで計5〜6分全面を焼く。余分な油はキッチンペーパーで拭き取り、Aを加えて煮からめる。
4 冷めたら1本ずつ小分けにしてラップで包み、保存袋に入れ、空気を抜いて保存する。

アレンジレシピ

ソースいらずで手軽にフライができちゃう **ロールとんかつ**

[材料（子ども1食分）]
豚肉のお花巻き焼き・・・・・・・・ 1〜2本
小麦粉、溶き卵、パン・・・・・・・ 各適量
揚げ油・・・・・・・・・・・・・・・・・・・・・ 適量

[作り方]
1 豚肉のお花巻き焼きは（冷凍している場合は）電子レンジで解凍し（→P.18）、小麦粉、溶き卵、パン粉の順に衣をつける。

2 170℃の揚げ油で揚げ、油をきる（フライパンを使用する場合は転がしながら揚げ焼きにする）。

おべんとうレシピはこちら！
→ P.50

みそ×マヨは冷めてもおいしい
さわらのみそマヨ焼き

子ども
4〜6食分 ｜ 冷蔵 2日 ｜ 冷凍 1週間

[材料]
さわら・・・・・・・・・・・・・ 2切れ
小麦粉・・・・・・・・・・・・・・・・・ 適量
さやいんげん ・・・・・・・・・・ 4本
パプリカ（赤）・・・・・・・・・ ⅓個
しめじ・・・・・・・・・・・・・ ½パック
サラダ油 ・・・・・・・・・ 大さじ½
A マヨネーズ・・・・ 大さじ1⅓
 ｜ みそ ・・・・・・・・・ 小さじ1⅓
 ｜ 水・・・・・・・・・・・・ 大さじ1½

[作り方＆保存方法]
1 さわらは骨と皮を取り除き、1切れを3〜4等分に切り、小麦粉をうすくまぶす。さやいんげんは3〜4等分、パプリカは長さと幅を半分に切り、しめじは石づきを除きほぐす。
2 フライパンにサラダ油を中火で熱し、1を入れふたをして弱火にする。途中ふたを開けて裏返し、5〜7分焼く。余分な油をキッチンペーパーで拭き取り、混ぜ合わせたAを加えて煮からめる。
3 冷めたら小分けにしてラップで包み、保存袋に入れ、空気を抜いて保存する。

アレンジレシピ

みそとチーズでコクうまなおかずに **さわらの黒ごまチーズ焼き**

[材料（子ども1食分）]
さわらのみそマヨ焼き ・・・・・・・・ ¼量
スライスチーズ ・・・・・・・・・・・・・ ⅓枚
黒炒りごま ・・・・・・・・・・・・・・・・・ 適量

[作り方]
1 さわらのみそマヨ焼きは、冷凍している場合は電子レンジで解凍する（→P.18）。アルミホイル（くっつきにくいタイプ）の上に並べ、スライスチーズをのせ、黒炒りごまをまぶす。

2 オーブントースターで2〜3分焼く。

ふわふわの食感で食べやすい
甘みそ鶏つくね

子ども 4〜5食分　冷蔵 2〜3日　冷凍 1週間

[材料]
A 鶏ひき肉(もも)‥‥‥‥ 200g
　パン粉‥‥‥‥‥‥‥ 大さじ4
　卵‥‥‥‥‥‥‥‥‥‥ ⅓個
　玉ねぎ(みじん切り) 大さじ2
　塩、こしょう、おろししょうが
　‥‥‥‥‥‥‥‥‥‥ 各適量
サラダ油‥‥‥‥‥‥ 大さじ½
B みそ‥‥‥‥‥‥‥‥ 大さじ1
　しょうゆ‥‥‥‥‥‥ 小さじ1
　みりん、水‥‥‥ 各大さじ1
　砂糖‥‥‥‥‥‥‥‥ 大さじ½

[作り方&保存方法]
1 ボウルにAを入れて混ぜて9〜10等分の小判形にまとめる。
2 フライパンにサラダ油を弱火で熱し、1を並べてふたをし、3〜4分蒸し焼きにする。ふたを開けて裏返し、さらに3〜4分焼いて火を通す。キッチンペーパーで余分な油を拭き取り、混ぜ合わせたBを加えて煮からめる。
3 冷めたら1個ずつ小分けにしてラップで包み、保存袋に入れ、空気を抜いて保存する。

おべんとうレシピはこちら!
→P.52

【アレンジレシピ】

電子レンジでお手軽に　**つくねチャーハン**

[材料(子ども1食分)]
甘みそ鶏つくね‥‥‥‥‥‥‥‥ 2個
ブロッコリー‥‥‥‥‥‥‥‥‥ 1房
A ご飯‥‥‥‥ 子ども用茶碗1杯
　溶き卵‥‥‥‥‥‥‥‥‥ ½個分
　塩、こしょう‥‥‥‥‥‥ 各少々
　ごま油‥‥‥‥‥‥‥‥‥ 小さじ1

[作り方]
1 甘みそ鶏つくねは、冷凍している場合は電子レンジで解凍する(→P.18)。つくねは1cm角に切り、ブロッコリーはゆでて粗く刻む。

2 A、1を耐熱ボウルに入れてふんわりとラップをし、電子レンジで40秒〜1分加熱する。卵に火が通ったら、スプーンで切るように混ぜる。

甘酢タレがよくからんでおいしい
ミートボール

子ども 5食分　冷蔵 2〜3日　冷凍 10日

[材料]
A 豚ひき肉‥‥‥‥‥‥‥‥‥ 200g
　パン粉‥‥‥‥‥‥‥‥ 大さじ3
　片栗粉‥‥‥‥‥‥‥‥ 小さじ2
　しょうゆ、酒‥‥‥‥ 各大さじ½
　ごま油‥‥‥‥‥‥‥‥ 小さじ⅓
B トマトケチャップ‥‥‥‥ 大さじ2
　しょうゆ、酢‥‥‥‥ 各大さじ1⅓
　砂糖‥‥‥‥‥‥‥‥‥ 大さじ2
　鶏がらスープの素(顆粒)‥ 小さじ½
　水溶き片栗粉
　‥‥‥ 片栗粉小さじ1強、水⅓カップ
揚げ油‥‥‥‥‥‥‥‥‥‥‥ 適量

[作り方&保存方法]
1 ボウルにAを入れよく混ぜ、一口大に丸める。
2 170℃の揚げ油で1を3〜4分揚げて、取り出す。
3 小鍋にBを入れて混ぜ、中火で温め、2を加えて煮からめる。
4 冷めたら小分けにしてラップで包み、保存袋に入れ、空気を抜いて保存する。

【アレンジレシピ】

野菜をプラスして夕食おかずにも　**ミートボールの酢豚風**

[材料(子ども1食分)]
ミートボール(タレごと)‥‥‥‥ 3個
パプリカ(黄)‥‥‥‥‥‥ 縦1cm幅分
ズッキーニ
　‥‥‥‥‥ 5mm厚さの輪切り1枚

[作り方]
1 パプリカは2〜3等分の長さの細切り、ズッキーニも細切りにする。
2 耐熱容器に1を入れてふんわりとラップをして電子レンジで約30秒加熱する。

3 ミートボールは、冷凍している場合は電子レンジで解凍する(→P.18)。2、水大さじ1を加えて軽く混ぜ(タレが少なければケチャップを少し足す)、ふんわりとラップをして電子レンジで20〜30秒加熱する。

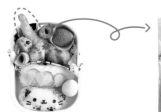

おべんとうレシピはこちら！
→P.60

定番フライも冷凍保存可能
えびフライ

子ども 6食分　冷凍 10日

[材料]
えび（ブラックタイガー、
　大正えびなど）……… 12尾
塩 ………………………… 適量
A 塩、こしょう、小麦粉、
　溶き卵、パン粉 …… 各適量
揚げ油 …………………… 適量

※作り方3でAを順にまぶした
あと揚げてから冷凍してもOK。

[作り方&保存方法]
1 えびは殻をむき、尾の先端を切り落とし、竹串で背ワタを取る。塩をふってもみ、さっと洗い水けを拭き取る。
2 内側に包丁で浅く切り込みを入れてまっすぐにする。
3 Aを順にまぶし保存袋に入れて空気を抜いて保存する。
4 おべんとうに使う際、凍ったまま170℃の揚げ油に入れ、焦げないように気をつけながら、中に火が通るまで4〜5分揚げる。

アレンジレシピ

卵とじでしっとり食感にチェンジ　えびフライ卵とじ丼

[材料（子ども1食分）]
えびフライ ………………… 1本
ご飯 ………… 子ども用茶碗1杯
A 麺つゆ（2倍濃縮）…… 大さじ1½
　水 ……………………… 大さじ2½
　砂糖 …………………… 小さじ½
玉ねぎ（薄切り）……………… 15g
卵 ……………………………… ½個

[作り方]
1 えびフライは、凍ったまま170℃の揚げ油に入れ、火が通るまで4〜5分揚げ、油を切る。
2 小さなフライパンにAと玉ねぎを入れ、ふたをして2〜3分煮る。

3 1を斜め半分に切って2に加え、中火にする。溶いた卵を回し入れ、ふたをして弱火で1〜2分煮てしっかりと火を通す。水分が多ければ軽く煮詰める。
4 ご飯の上にのせる。

おべんとうレシピはこちら！
→P.62

骨なしで下処理もかんたん
かじきの
オイスターソース焼き

子ども 4食分　冷蔵 2日　冷凍 1週間

[材料]
かじきまぐろ ……… 1切れ
小麦粉………………… 適量
にんじん……………… ¼本
ごま油 ……………… 大さじ½
A オイスターソース、水
　…………………… 各大さじ1
　おろししょうが ‥ 小さじ⅔
白炒りごま ………… 適量

[作り方&保存方法]
1 かじきまぐろは1切れを6〜8等分に切り、小麦粉をうすくふる。
2 にんじんはピーラーで薄くむく。
3 フライパンにごま油を弱火で熱し、1、2を入れてふたをし、2〜3分蒸し焼きにする。ふたを開けて裏返し、さらに2〜3分焼いて火を通す。
4 余分な油をキッチンペーパーで拭き取り、混ぜ合わせたAを加えて煮からめ、ごまをふる。
5 冷めたら小分けにしてラップで包み、保存袋に入れ、空気を抜いて保存する。

アレンジレシピ

チーズをプラスしてうまみアップ　かじきののりチーズ焼き

[材料（子ども1食分）]
かじきのオイスターソース焼き
　………………………… ¼量
スライスチーズ …………… 1枚
焼きのり…………………… 適量

[作り方]
1 かじきのオイスターソース焼きは、冷凍している場合は電子レンジで解凍する（→P.18）。等分したスライスチーズをのせ、細く切った焼きのりで巻く（食べにくそうな場合はちぎってまぶす）。

2 アルミホイル（くっつきにくいタイプ）に並べ、オーブントースターでチーズが溶けるまで1〜2分焼く。

おべんとうレシピはこちら！
→ P.64

衣がついて食べ応えアップ

子ども 4〜6食分 | 冷蔵 2〜3日 | 冷凍 1週間

ちくわのいそべ揚げ

[材料]

ちくわ・・・・・・・・・・・・・・・ 4本
焼きのり・・・・・・・・・・・・・ 適量
A 小麦粉・・・・・・・・・・ 大さじ5
　溶き卵・・・・・・・・・・・・・ ⅓個
　水・・・・・・・・・・・ 約¼カップ
揚げ油・・・・・・・・・・・・・・・ 適量
麺つゆ (2倍濃縮)・・・・・・・ 適量

[作り方&保存方法]

1 ちくわは1本を3等分に切る。焼きのりは1cm幅に切ってちくわに巻きつけ、水でとめる。

2 Aを軽く混ぜ、1をさっとくぐらせて衣をつけ、170℃の揚げ油で2〜3分揚げる。

3 冷めたら小分けにしてラップで包み、保存袋に入れ、空気を抜いて保存する。

4 おべんとうに使うときに麺つゆをかける。

アレンジレシピ

ちくわがごまとマッチしておいしい

ちくわとほうれん草のごまあえ

[材料 (子ども1食分)]

ちくわのいそべ揚げ・・・・・・・ 1切れ分
ほうれん草・・・・・・・・・・・・・・・ 1束
A 白すりごま・・・・・・・・・・ 小さじ1
　しょうゆ、砂糖・・・・・・・・・ 各少々

[作り方]

1 ちくわのいそべ揚げは、冷凍している場合は電子レンジで解凍する (→P.18)。5mm幅に切る。

2 ほうれん草はゆでて3cm幅に切る。

3 1、2をAであえる。

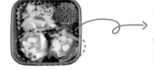

おべんとうレシピはこちら！
→ P.66

コーンの甘みがおいしい

子ども 6食分 | 冷蔵 2〜3日 | 冷凍 10日

コーンシュウマイ

[材料]

A 豚ひき肉・・・・・・・・・・・ 150g
　玉ねぎ (みじん切り) 大さじ3
　塩、こしょう、
　　おろししょうが・・ 各適量
　ごま油・・・・・・・・・・ 小さじ⅓
　しょうゆ・・・・・・・・・ 小さじ2
シュウマイの皮・・・・・・・・ 12枚
片栗粉・・・・・・・・・・・・・・・・ 適量
ホールコーン (缶詰)
　　　　　　　　・・・ 大さじ1½

[作り方&保存方法]

1 ボウルにAを入れよく混ぜ、一口大に丸める。

2 シュウマイの皮で包み、上に片栗粉をふり、ホールコーンを埋める。

3 蒸気が上がった蒸し器で約10〜12分蒸して火を通す (スチームオーブンの蒸し機能を使ってもよい)。

4 冷めたら小分けにしてラップで包み、保存袋に入れ、空気を抜いて保存する。

アレンジレシピ

外サクッと中プリッと食感が楽しい

シュウマイ天ぷら

[材料 (子ども1食分)]

コーンシュウマイ・・・・・・・・・ 2個
A 小麦粉・・・・・・・・・・・・ 大さじ1
　水・・・・・・・・・・・ 約大さじ1½
　マヨネーズ・・・・・・・・ 小さじ½
　塩・・・・・・・・・・・・・・・・・・ 少々
揚げ油・・・・・・・・・・・・・・・・ 適量
しょうゆ・・・・・・・・・・ (好みで)少々

[作り方]

1 シュウマイは、冷凍している場合は電子レンジで解凍する (→P.18)。

2 Aを軽く混ぜ、とろりとした固さに調節し、シュウマイをくぐらせる。

3 170℃の揚げ油で1を2〜3分揚げる。好みでしょうゆをつける。

PART 4

色別・おべんとうの
おかずカタログ

メインのおかずの彩りがさみしいときに、もう1色欲しい色のおかずからレシピを選べたらとっても便利。
パワフルな赤、癒しの緑、元気な黄色、アクセントの黒の4色から気分に合わせて好みのおかずをセレクトして。

Red color recipe

赤
のおかず

入れるだけで

おべんとうが一気に

鮮やかになる赤のおかず。

ほかの色の食材と

組み合わせて使うと

さらに華やかになります。

パプリカの
ハムチーズ巻き

[材料（子ども1食分）]

パプリカ（赤）・・・・・・・・・・・・・・・・・・・・・ ⅛個
スライスチーズ ・・・・・・・・・・・・・・・・・・・・ 1枚
ロースハム ・・・・・・・・・・・・・・・・・・・・・・・・ 1枚

[作り方]

1 パプリカは細切りにし、ハム、チーズは
　は半分に切る。パプリカを耐熱容器に入
　れ、ふんわりラップをし、電子レンジで
　20秒加熱する。

2 粗熱が取れたらハムの上にチーズをのせ、
　パプリカを半量ずつのせて巻く。

ミニトマトの
コンソメマリネ

[材料（子ども1食分）]

ミニトマト ・・・・・・・・・・・・・・・・・・・・・・・ 3個
A コンソメスープの素（顆粒）・・・・ 小さじ½
　お湯・・・・・・・・・・・・・・・・・・・・・・・・・ 大さじ1
　水 ・・・・・・・・・・・・・・・・・・・・・・・・・・ 大さじ2

[作り方]

1 ミニトマトは沸騰した湯に5秒ほどつけ
　て冷水に取り、皮をむく。

2 ボウルに A を順に入れてコンソメを溶
　かし、1を漬ける（できれば30分以上漬けて
　おくと味がしみる）。汁けをきって詰める。

にんじんのバター煮

[材料（子ども1食分）]

にんじん・・・・・・・・・・・・・・・・・・・・・・・・ 3cm
A バター・・・・・・・・・・・・・・・・・・・・・・・・・ 4g
　砂糖・・・・・・・・・・・・・・・・・・・・・・・ 小さじ⅓
　塩・・・・・・・・・・・・・・・・・・・・・・・・・・・ 少々
　水 ・・・・・・・・・・・・・・・・・・・・・・・・・ 小さじ1

[作り方]

1 にんじんは皮をむいて5等分の輪切りに
　する。熱湯でやわらかくゆで、水けをき
　る。

2 1を鍋に戻し入れ、 A を加えて中火でさ
　っと煮からめる。

長いものベーコン巻き

[材料（子ども1食分）]

長いも ・・・・・・・・・・・・・・・・ 6〜8本（約20g）
ベーコン・・・・・・・・・・・・・・・・・・・・・・・・ 1枚

[作り方]

1 長いもは、皮をむいて8mm角の拍子木切り
　にする。

2 ベーコンは半分の長さに切り、1を半量ず
　つ巻いて、巻き終わりを爪楊枝でとめる。

3 アルミホイル（くっつきにくいタイプ）に2
　をのせ、トースターで約3〜5分軽く焼き
　色がつくまで焼く。粗熱がとれたら爪楊
　枝をはずす。

ウインナーのスパサラダ

［材料（子ども1食分）］
ウインナーソーセージ ………… 1½本
サラダ用スパゲッティ ………… 10g
オリーブ油 …………………… 小さじ¼
A マヨネーズ、トマトケチャップ
　　　………………… 各小さじ⅔〜1
［作り方］
1 スパゲッティは表示通りゆで、ざるにあげてオリーブ油をまぶす（湯は捨てない）。
2 ウインナーソーセージは縦半分に切り、3〜4等分の斜め切りにする。1の湯でさっとゆでてざるにあげ水けをきる。
3 1、2を混ぜ合わせたAであえる。

ラディッシュの甘酢漬け

［材料（子ども1食分）］
ラディッシュ …………………… 1個
塩 ……………………………… 少々
A 酢 ……………………… 小さじ⅔
　 砂糖 …………………… 小さじ½
［作り方］
1 ラディッシュは薄切りにし、塩をまぶして軽くもむ。
2 耐熱容器にAを合わせ、ラップをかけずに電子レンジで10秒加熱し、1を10分以上漬ける。

ミニトマトの
おかかあえ

［材料（子ども1食分）］
ミニトマト …………………… 3個
A けずり節 …………………… 1g
　 しょうゆ ……………… 小さじ¼
［作り方］
1 ミニトマトは沸騰した湯に5秒ほどつけて冷水に取り、皮をむく。
2 Aを混ぜ合わせてあえる。

紫キャベツのマリネ

［材料（子ども1食分）］
紫キャベツ …………………… ½枚
魚肉ソーセージ ……………… 2cm幅分
A 酢、オリーブ油 ……… 各小さじ½
　 砂糖 …………………… 小さじ¼
　 塩 …………………………… 少々
［作り方］
1 紫キャベツは4cm長さの細切りにしてラップに包み、電子レンジで10〜20秒加熱する。魚肉ソーセージは細切りにする。
2 Aを混ぜ合わせてあえる。

えびのチーズ焼き

［材料（子ども1食分）］
むきえび …………………… 小5尾
パプリカ（赤） …………… 縦2cm幅分
ピザ用チーズ ……………… 8〜10g
［作り方］
1 えびは厚みを半分にして、背わたを除く。パプリカは5mm幅に切り、長さを2cmに切る。耐熱容器に入れてふんわりとラップをして電子レンジで約40秒、中までしっかり加熱する。
2 アルミカップに1を入れ、ピザ用チーズをのせる。
3 オーブントースターで4〜5分、焼く。

にんじんと
かまぼこの炒めもの

［材料（子ども1食分）］
にんじん …………………… 20g
かまぼこ（ピンク） ………… 薄切り2枚
ごま油 …………………… 小さじ¼
A オイスターソース、水 …… 各小さじ½
［作り方］
1 にんじんはピーラーで薄く切り、かまぼこは細切りにする。
2 フライパンにごま油を熱し、1を炒める。にんじんに火が通ったらAを加えてさっと炒める。

緑
Green color recipe
のおかず

彩りとしても

栄養バランスとしても

欠かせない緑のおかず。

それぞれ野菜の特徴を

生かした調理で

おいしく仕上げて。

ほうれん草の ピーナッツあえ

[材料（子ども1食分）]
ほうれん草 ・・・・・・・・・・・・・・・・・・・・・・・・・ 1株
スライスチーズ ・・・・・・・・・・・・・・・・・・・・ ¼枚
A ピーナッツ粉（またはすりごま）
　 ・・・・・・・・・・・・・・・・・・・・・・・・・・・・ 小さじ½
　 しょうゆ ・・・・・・・・・・・・・・・・・・・・・ 小さじ⅙
[作り方]
1 ほうれん草は熱湯でさっとゆでて2cm長
　 さに切る。スライスチーズは1cm角に切る。
2 1をAであえる。
※ピーナッツアレルギーの可能性のある場
　 合は、すりごまを使ってください。

小松菜の中華炒め

[材料（子ども1食分）]
小松菜 ・・・・・・・・・・・・・・・・・・・・・・・・・・・・ 1株
ちくわ ・・・・・・・・・・・・・・・・・・・・・・・・・・・・ ½本
ごま油 ・・・・・・・・・・・・・・・・・・・・・・・・ 小さじ¼
オイスターソース ・・・・・・・・・・・・・ 小さじ½
[作り方]
1 小松菜は3cm長さに切り、ちくわは輪切
　 りにする。
2 フライパンにごま油を中火で熱して1を
　 炒め、オイスターソースを加えてさっと
　 炒める。

いんげんのツナサラダ

[材料（子ども1食分）]
さやいんげん ・・・・・・・・・・・・・・・・・・・・・ 3本
ツナ（缶詰） ・・・・・・・・・・・・・・・・・・・ 小さじ1
マヨネーズ ・・・・・・・・・・・・・・・・・・・ 小さじ½
[作り方]
1 さやいんげんは熱湯で4〜5分ゆでて2cm
　 長さに切る。
2 1、缶汁をきったツナをマヨネーズであ
　 える。

きゅうりの中華サラダ

[材料（子ども1食分）]
きゅうり ・・・・・・・・・・・・・・・・・・・・・・・・・・ ¼本
かに風味かまぼこ ・・・・・・・・・・・・・・・・・ 1本
A ごま油 ・・・・・・・・・・・・・・・・・・・・・ 小さじ½
　 酢 ・・・・・・・・・・・・・・・・・・・・・・・・・ 小さじ¼
　 砂糖、塩 ・・・・・・・・・・・・・・・・・・・・・ 各少々
[作り方]
1 きゅうりは細切りにし、かに風味かまぼ
　 こはほぐす。
2 1をAであえる。

きゅうりのピクルス

[材料（子ども1食分）]

きゅうり・・・・・・・・・・・・・・・・・・・・・・・・・・・・・・・・ ¼本
塩・・・・・・・・・・・・・・・・・・・・・・・・・・・・・・・・・・・・・・・ 少々
A 酢・・・・・・・・・・・・・・・・・・・・・・・・・・・・・・・ 小さじ1
│ 砂糖・・・・・・・・・・・・・・・・・・・・・・・・・・・ 小さじ2

[作り方]

1 きゅうりはスティック状に切り、塩をまぶして軽くもむ。
2 耐熱容器に **A** を合わせてラップをかけずに電子レンジで10秒加熱し、**1** を漬ける。冷蔵庫で10分以上おいて、味をなじませる。

ブロッコリーのサラダ

[材料（子ども1食分）]

ブロッコリー・・・・・・・・・・・・・・・・・・・・・・・・・ 2房
ベーコン・・・・・・・・・・・・・・・・・・・・・・・・・・・・・・ ⅓枚
A 粉チーズ、マヨネーズ、オリーブ油
│ ・・・・・・・・・・・・・・・・・・・・・・・・・・・ 各小さじ½

[作り方]

1 ブロッコリーは熱湯で2〜3分ゆでて水けをきり、食べやすい大きさに切る。ベーコンは1cm幅に切り、アルミホイル（くっつきにくいタイプ）に広げてオーブントースターで2〜3分焼く。
2 **A** を混ぜ合わせてあえる。

キャベツとハムの
ソース炒め

[材料（子ども1食分）]

キャベツ・・・・・・・・・・・・・・・・・・・・・・・・・・・・・・ ½枚
ロースハム・・・・・・・・・・・・・・・・・・・・・・・・・・・ 1枚
サラダ油・・・・・・・・・・・・・・・・・・・・・・・・・ 小さじ¼
中濃ソース・・・・・・・・・・・・・・・・・・・・・ 小さじ½

[作り方]

1 キャベツは芯を除いて3cm四方に、ロースハムは放射状の8等分に切る。
2 フライパンにサラダ油を中火で熱して **1** を炒め、しんなりしたらソースを加えてさっと炒める。

アスパラの梅マヨあえ

[材料（子ども1食分）]

グリーンアスパラガス・・・・・・・・・・・・ 1½本
A 練り梅・・・・・・・・・・・・・・・・・・・・・・・ 小さじ⅓
│ マヨネーズ・・・・・・・・・・・・・・・・・・・ 小さじ1

[作り方]

1 グリーンアスパラガスは熱湯で約1分ゆでて2cm長さに切る。
2 **A** を混ぜ合わせてあえる。

ズッキーニの
カレー風味

[材料（子ども1食分）]

ズッキーニ・・・・・・・・・・・・・・・・・・・・・・・・・・・ 3cm
オリーブ油・・・・・・・・・・・・・・・・・・・・・・・ 小さじ⅓
A カレー粉・・・・・・・・・・・・・・・・・・・・・・・・・・・ 少々
│ しょうゆ・・・・・・・・・・・・・・・・・・・・・・ 小さじ¼

[作り方]

1 ズッキーニは5等分の輪切りにする。
2 フライパンにオリーブ油を中火で熱して **1** を焼き、混ぜ合わせた **A** を加えてからめる。

ピーマンのチーズ焼き

[材料（子ども1食分）]

ピーマン・・・・・・・・・・・・・・・・・・・・・・・・・・・・・・ ½個
ホールコーン（缶詰）・・・・・・・・・・・・・ 大さじ1
ピザ用チーズ・・・・・・・・・・・・・・・・・・・・・ 大さじ1

[作り方]

縦半分に切ったピーマンにホールコーン、ピザ用チーズを順にのせ、オーブントースターで約3分、チーズがとけるまで焼く。

Yellow color recipe
黄
のおかず

元気カラーでおべんとうを
明るくしてくれる
黄のおかず。いもや卵で
ボリュームもプラスして。

卵サラダ

[材料 (子ども1食分)]
ゆで卵 (かたゆで) ・・・・・・・・・・・・・・・・・ ½個
ミックスベジタブル (冷凍) ・・・・・・ 大さじ1½
マヨネーズ ・・・・・・・・・・・・・・・・・・・・・・ 小さじ1
塩・・・・・・・・・・・・・・・・・・・・・・・・・・・・・・・・・ 少々
[作り方]
1 ゆで卵は粗く刻む。ミックスベジタブル
　はラップで包んで電子レンジで10秒加
　熱し、キッチンペーパーで水けを拭く。
2 1をマヨネーズであえ、塩で味を調える。

黄パプリカとツナの
カレー炒め

[材料 (子ども1食分)]
パプリカ (黄) ・・・・・・・・・・・・・・・・・・・・・ ⅛個
オリーブ油 ・・・・・・・・・・・・・・・・・・・・・・ 小さじ¼
A ツナ (水煮・汁気をきる) ・・・・・・ 大さじ½
　 カレー粉 ・・・・・・・・・・・・・・・・・・・・ 小さじ⅙
　 塩 ・・・・・・・・・・・・・・・・・・・・・・・・・・・・・ 少々
[作り方]
1 パプリカは長さを2〜3等分にして細切
　りにする。
2 フライパンにオリーブ油を中火で熱し、
　1を2分ほど炒め、Aを加え炒め合わせる。

かぼちゃのサラダ

[材料 (子ども1食分)]
かぼちゃ・・・・・・・・・・・・・・・・・・ 4cm角1切れ
レーズン ・・・・・・・・・・・・・・・・・・ 小さじ½〜1
マヨネーズ ・・・・・・・・・・・・・・・・・・・・・・ 小さじ1
塩・・・・・・・・・・・・・・・・・・・・・・・・・・・・・・・・・ 少々
[作り方]
1 かぼちゃは水から火にかけてやわらかく
　ゆで、スプーンで軽くつぶす。
2 1、レーズンをマヨネーズであえ、塩で
　味を調える。

ポテトのチーズ焼き

[材料 (子ども1食分)]
フライドポテト (冷凍) ・・・・・・・・・・・ 5〜6本
ピザ用チーズ ・・・・・・・・・・・・・・・・・・・・・ 10g
[作り方]
1 凍ったままのポテトにピザ用チーズをの
　せる。
2 オーブントースターで2〜3分、ポテトに
　焼き色がつき、チーズがとけるまで焼く。

さつまいもの
青のりきんぴら

[材料 (子ども1食分)]
さつまいも ・・・・・・・・・・・・・・・・・・・・・・・・ 30g
バター ・・・・・・・・・・・・・・・・・・・・・・・・・・・ 少量
A 青のり・・・・・・・・・・・・・・・・・・・・・・・・・・ 少々
　 しょうゆ ・・・・・・・・・・・・・・・・・・・・・ 小さじ½
　 砂糖・・・・・・・・・・・・・・・・・・・・・・・・ 小さじ1
[作り方]
1 さつまいもは細切りにし、ラップに包ん
　で電子レンジで30〜40秒加熱する。
2 フライパンにバターを熱して1を炒め、
　Aを加えてさらに炒め合わせる。

黒
のおかず

おべんとうを引き締める

黒をアクセントに。

栄養豊富なひじきやごまを

たっぷり使ったレシピです。

なすの甘みそ炒め

[材料（子ども1食分）]

なす ･････････････････････････ 縦½本
サラダ油 ･･･････････････････ 小さじ⅔
A 水 ･･････････････････････ 小さじ⅔
　みそ、砂糖 ･････････････ 各小さじ⅓
　しょうゆ ････････････････････････ 少々

[作り方]

1 なすは斜め薄切りにする。
2 フライパンにサラダ油を中火で熱し、**1**
をしんなりするまで炒める。**A**を加えて
煮からめる。

きんぴらごぼう

[材料（子ども1食分）]

ごぼう ････････････････････････････ 20g
にんじん ･･････････････････ 輪切り1枚
サラダ油 ･････････････････････ 小さじ½
A 砂糖、しょうゆ ･････････････ 小さじ½
白炒りごま ･･････････････････････ 少々

[作り方]

1 ごぼう、にんじんはせん切りにする。
2 フライパンにサラダ油を中火で熱し、**1**
が少ししんなりするまで炒める。**A**を加
えて炒め、白炒りごまをふる。

ひじきのサラダ

[材料（子ども1食分）]

芽ひじき（水煮）･･････････････ 大さじ1
きゅうり ･･････････････ 斜め薄切り2枚
ツナ（缶詰）･･･････････････････ 小さじ1
A しょうゆ、オリーブ油 ･･････ 各小さじ½

[作り方]

きゅうりはせん切りにし、芽ひじき、缶汁
をきったツナと合わせて、**A**であえる。

じゃがいもの
黒ごまあえ

[材料（子ども1食分）]

じゃがいも ･･････････････････････ ⅓個
A 黒すりごま ･････････････････ 大さじ½
　しょうゆ ･･･････････････････ 小さじ½

[作り方]

1 じゃがいもは1.5cm角に切り、水けをつ
けてふんわりとラップで包み、電子レン
ジで30秒～2分やわらかくなるまで加熱
する。
2 **A**であえる。

きのこのバターソテー

[材料（子ども1食分）]

しめじ ･･････････････････････････ 8本
しいたけ ･･････････････････････････ 1枚
バター ･･････････････････････････････ 2g
塩 ･････････････････････････････････ 少々

[作り方]

1 しめじは石づきを除きほぐす。しいたけ
は、石づきを除き薄切りにする（大きけれ
ば半分に切る）。
2 フライパンにバターを中火で熱し、**1**を
炒めて塩で味を調える。

園児のおべんとうQ&A

はじめてのおべんとう作りに悩みはつきもの。よくある疑問にお答えします。

Q 忙しい朝、効率よく準備するにはどうしたらいいですか？

A おべんとう作りは、前夜のうちからスタートしてもOK。明日の朝は何を作るか、段取りを考えておくだけでも、朝の作業がとってもスムーズになります。朝は、まずおべんとう用のおかずやおにぎりなどを作ってしまって冷ましている間に、朝ご飯の用意や支度をして、最後におべんとう箱に詰めるとスムーズです。

Q 栄養バランスはどのように考えればいいですか？

A 基本は、主食、メインとなるたんぱく質のおかず、サブとして野菜のおかずをそろえることを心がけましょう。ですが、お子さんに好き嫌いがあると、おべんとうに入れられるものがない……という場合もありますよね。基本は1日トータルで栄養バランスを考えて、不足する分はできるだけ朝ご飯、おやつ、夜ご飯で補いましょう。おべんとうは楽しく食べきれることを優先して。

Q おべんとうは前の日の夜に作ってもいいですか？

A おかずの作りおきはOKですが、夜作っておいたおかずは、朝、再加熱してしっかりと冷ましてから詰める、汁けが出やすく傷みやすいおかずは避けるなど、衛生面に注意が必要です。おかずを小分けにして冷凍しておくと忙しい朝も慌てません。食感が変わりにくく、再加熱しやすい肉や魚などのおかずの冷凍がおすすめです。

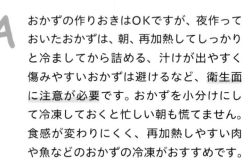

Q 好き嫌いの多い子のおべんとうに、嫌いな食材も使ったほうがいいですか？

A 無理して苦手な食材をおべんとうに入れる必要はありません。慣れないうちは、子どもにとって、保護者から離れておべんとうを食べるだけでもちょっとしたチャレンジです。まずは普段食べ慣れている好きなものを中心におべんとうに入れましょう。最初はおにぎりだけのおべんとうだっていいのです。苦手なものはちょっとずつ家の食事でチャレンジしましょう。

Q メニューがマンネリになりがちです。

A 子どもは大人が思っているほどマンネリを気にしないことも。最初は好きなもので、完食できるものを中心に入れましょう。慣れてきたら、定番のおかずの味つけや食材をちょっと変えたり、新しいおかずにチャレンジしたりしてもいいですね。

Q 市販の冷凍食品や大人用のお惣菜を入れてもいいですか？

A 市販のおべんとう用の冷凍食品は種類豊富なので、適宜使って気をラクにおべんとう生活を続けましょう。選ぶ際は、子どもが普段食べ慣れている食材や味つけ、固さのものを中心に。時間がないときや忙しいときは、メインのおかずを冷凍食品やお惣菜にして、野菜だけゆでて添える、卵焼きだけプラスするだけでも立派なおべんとうに。1～2種類冷凍庫にストックしておくと、いざというときの強い味方です。

Q おべんとうの食べ方や片づけ方などについて、子どもに教えたほうがいいことは？

A 入園前は、「ちゃんと一人で食べられるかしら……？」と、とにかく心配なもの。事前に、使う予定のおべんとう箱の開け方、しまい方を練習しておくと安心です。親子ともに練習を兼ねて、おべんとうを作ってお家や公園で食べると楽しいですよ。後はだんだんと慣れてくるのと、園の職員さんや周りのお友だちもフォローしてくれるので大丈夫です。

Q 食べこぼしが多いのか、よく服が汚れています。どうしたらいいですか？

A 子どもの食べこぼしは当たり前、と割り切って気長に構えましょう。ポロポロしない食べやすいおかずにする、ソースがこぼれるような汁けがあるものは避ける、しっかりとつかめるフォークにする、おかずは一口サイズにするなどの工夫で食べこぼしも減るはずです。

Q おべんとう箱やグッズの保管や手入れはどうすればいいですか？

A 小さくて散らかりやすいおべんとう箱や抜き型道具などは、かごや引き出しなど、しまう場所を決めてひとまとめにしておくとさっと取り出せて便利です。おべんとう箱は清潔に保ちたいので、洗いやすくて丈夫なものを選ぶことも大切。食器洗浄機や除菌機能付きの洗剤などを上手に活用しましょう。

Q 季節によって注意することはありますか？

A 梅雨時から夏にかけてはとにかく食べものが傷みやすい時期です。食材はカットするとより傷みが早くなるのでいつも以上に気をつける必要があります。この時期は安全性を優先してしっかり加熱したおかずを中心にしましょう。また、園生活に慣れてきたら、おべんとうにも季節感を出して、イベントの日には特別なおべんとうを作ってあげると、とっても喜ばれます。

食材別 INDEX

材料から作りたいレシピを探せるさくいんです。

阪下千恵（さかした ちえ）

料理研究家。栄養士。大手外食企業、食品の宅配会社などでの勤務を経て独立。現在は、書籍、雑誌、企業販促用のレシピ開発、調理道具の開発、メディア出演など、幅広く手がける。YouTubeチャンネル「阪下千恵・Blue Terrace」でも発信中。㈱デンキョーグループホールディングスにて家電製品等の商品企画、広報を行う。著書に『アレンジおかずがいっぱい！夜ごはんから作るお弁当』（ぴあ）、『決定版 朝つめるだけ！作りおきのやせる！お弁当389』（新星出版社）など。

●Staff

撮影	武井メグミ
スタイリング	八木佳奈
デザイン	岡田恵子（ok design）
調理アシスタント	宮田澄香、岩間明子、吉野清美、鈴木恵、松本綾子
DTP	株式会社グレン
撮影協力	UTUWA
校正	株式会社聚珍社
編集制作	石島隆子

※本書は2019年に刊行した『かんたん！はじめて園児のかわいいおべんとう』（Gakken）の改訂版です。

改訂版

かん たん！ はじめて園児のかわいいおべんとう

2024年 1月30日　第1刷発行

著者	阪下千恵
発行人	土屋徹
編集人	滝口勝弘
発行所	株式会社Gakken
	〒141-8416　東京都品川区西五反田2-11-8
印刷所	大日本印刷株式会社

●この本に関する各種お問い合わせ先
本の内容については　下記サイトのお問い合わせフォームよりお願いします。
　https://www.corp-gakken.co.jp/contact/
在庫については　　　　Tel 03-6431-1250（販売部）
不良品（落丁、乱丁）については　Tel 0570-000577
　学研業務センター 〒354-0045 埼玉県入間郡三芳町上富279-1
上記以外のお問い合わせは　　Tel 0570-056-710（学研グループ総合案内）

学研グループの書籍・雑誌についての新刊情報・詳細情報は、下記をご覧ください。
学研出版サイト　　https://hon.gakken.jp/